John Stevens

ENGLISCH ganz leicht GRAMMATIKBOX

Max Hueber Verlag

4. 3. 2. | Die letzten Ziffern
2009 08 07 06 05 | bezeichnen Zahl und Jahr des Druckes.
Alle Drucke dieser Auflage können, da unverändert, nebeneinander benutzt werden.
1. Auflage

Verlagsredaktion: Valerio Vial, Ismaning
Gestaltung der Box: Atelier Kontraste, München
Layout und Herstellung: Peer Koop, Ismaning
Satz: Satz+Layout Fruth GmbH, München
Druck und Bindung: Dinkhauser Kartonagen GmbH, Barbing
Printed in Germany
ISBN 3-19-009500-0 (Package)
1.9500 (Kartenblock)

Vorwort

Die *Englisch ganz leicht Grammatikbox* enthält 500 Grammatikkarten im Block. Damit können Sie sich mühelos Grundkenntnisse der englischen Grammatik aneignen oder Ihre bereits vorhandenen Kenntnisse auffrischen.

So einfach ist der Aufbau der Grammatikbox

Der Kartenblock besteht aus zwei unterschiedlichen Arten von Karten: Lern- und Übungskarten. Auf den **Lernkarten** werden die Grammatikregeln erläutert und durch Beispielsätze und Übersichten verdeutlicht. Die Lernkarten erkennen Sie leicht am farbigen Rand rechts (auf der Vorderseite) bzw. links (auf der Rückseite). Noch bevor Sie mit dem Lernen beginnen, empfiehlt es sich, den Kartenblock in einen Lern- und in einen Übungsteil zu trennen.

Um die erlernten Regeln einzuüben und zu festigen, finden Sie auf den **Übungskarten** eine ganze Reihe abwechslungsreicher und unterhaltsamer Übungen. Lesen Sie zuerst die Anweisung auf der Vorderseite und versuchen Sie dann, die Übung zu lösen. Anschließend können Sie die Karte umdrehen und Ihre Lösung überprüfen. Es ist sinnvoll, die Karten, die Ihnen mehr Schwierigkeiten bereiten, zu markieren. So können Sie sie gezielter an einem anderen Tag wiederholen.

Um Ihre Grammatikkenntnisse systematisch und effektiv zu trainieren, sind die Karten nach vierzehn **Themenbereichen** gegliedert. Oben links erkennen Sie den jeweiligen Themenbereich. Die Überschrift darunter gibt die jeweilige **Lerneinheit** an. Hier sehen Sie, welche grammatische Struktur auf der Karte eingeführt wird. Die kleinen Kreise oben rechts (direkt unter der Kartennummer) weisen darauf hin, dass sich eine Lerneinheit über mehrere Lernkarten verteilt. Die Unterteilung in Themenbereiche und Lerneinheiten finden Sie sowohl bei den Lern- als auch bei den Übungskarten.

Tipps zum Lernen mit der Grammatikbox

Je nachdem, ob Sie bereits über Vorkenntnisse verfügen oder nicht, können Sie mit den Lern- und Übungskarten unterschiedlich umgehen. Sind Sie Anfänger, dann sollten Sie sich unbedingt zuerst mit den Lernkarten beschäftigen, bevor Sie das Gelernte in den Übungskarten anwenden. Am besten halten Sie die vorgegebene Gliederung und Reihenfolge der Lerneinheiten ein. Nur wenn Sie sich sicher fühlen, eine Lerneinheit zu beherrschen, sollten Sie zur nächsten übergehen.

Übung macht den Meister! Um Ihre frisch erworbenen Kenntnisse einer grammatischen Struktur zu festigen, ist es ratsam, sich gleich am darauf folgenden Tag erneut mit den dazugehörigen Übungskarten zu beschäftigen. Zu diesem Zweck sollten Sie nicht Ihre Antworten direkt auf den Übungskarten notieren. Wenn Sie sich die Grammatikregeln besser einprägen, indem Sie die Antworten aufschreiben, dann nehmen Sie dazu ein separates Blatt.

Es empfiehlt sich, nicht zu viele Lerneinheiten auf einmal zu bearbeiten. Vergessen Sie nicht: Für das Gedächtnis ist es besser, jeden Tag ein bisschen zu lernen als einmal im Monat einen „Pauktag" einzulegen. Wenn Sie während der Woche zu Hause keine Zeit haben, können Sie mit einem kleinen Stapel Karten bei der Fahrt zur Arbeit oder in einer Arbeitspause komfortabel lernen.

Ist Ihnen ein grammatisches Thema schon vertraut, dann können Sie Ihr Wissen sogleich mit den Übungskarten überprüfen. Am einfachsten ist es, wenn Sie die vierzehn Themenbereiche der Reihenfolge nach bearbeiten. Oder aber Sie suchen sich einen beliebigen Themenbereich aus dem Themenverzeichnis auf Seite 7 aus und bearbeiten die dazugehörigen Karten. Anhand der Nummerierung oben rechts lassen sich die Karten den entsprechenden Themenbereichen leicht zuordnen. Sollten Sie beim Lösen der Übungen auf Zweifel stoßen, können Sie die dazugehörige(n) Lernkarte(n) zurate ziehen.

Wie Sie die Grammatikkarten ablegen können

Um die herausgelösten Karten abzulegen, benötigen Sie die mitgelieferte Box. Nehmen Sie zunächst den Karton heraus, der zur Stabilisierung der Box dient. Falzen Sie dann die Trennkarten, die Sie in der Box finden, und stecken Sie die Seitenlaschen in die Rillen der Box. Damit bauen Sie Registerfächer auf, die Sie zur Ablage der herausgetrennten Karten benutzen können.

Sie können die Karten nach Lern- und Übungskarten, nach Themenbereichen oder nach Ihrem Wissensstand einordnen. So können Sie z.B. Karten, die Sie bereits gut beherrschen, getrennt von jenen Karten ablegen, die Sie noch öfter wiederholen möchten. Die Ablage nach Themenbereichen ermöglicht es Ihnen, immer wieder auf Themen zurückzugreifen, mit denen Sie sich schon einmal auseinander gesetzt haben. Auf diese Weise können Sie überprüfen, ob Sie die Regeln immer noch richtig anwenden können.

Und nun wünschen wir Ihnen viel Spaß und viel Erfolg!

Ihr Max Hueber Verlag

Themenverzeichnis

Grammatische Fachausdrücke

Die grammatischen Strukturen werden möglichst einfach erklärt. Werden dennoch grammatische Fachausdrücke verwendet, dann finden Sie hier ihre Bedeutung.

Adjektiv	Eigenschaftswort
Adverb	Umstandswort
Aktivform	Tatform
Artikel	Geschlechtswort
Akkusativ	4. Fall / Wen-Fall
Dativ	3. Fall / Wem-Fall
Genitiv	Besitz-Fall / Wesfall
Indefinitpronomen	unbestimmtes Fürwort
Infinitiv	Grundform des Verbs
Interrogativpronomen	Fragefürwort
Komparativ	1. Vergleichsstufe
Konsonant	Mitlaut
Nomen	Hauptwort
Nominativ	1. Fall / Wer-Fall
Objekt	Satzergänzung
Partizip (Perfekt)	Mittelwort der Vergangenheit
Passivform	Leideform
Personalpronomen	persönliches Fürwort
Plural	Mehrzahl
Possessivpronomen	besitzanzeigendes Fürwort
Präposition	Verhältniswort
Reflexivpronomen	rückbezügliches Fürwort
Relativpronomen	bezügliches Fürwort
Singular	Einzahl
Subjekt	Satzgegenstand
Substantiv	Hauptwort
Superlativ	2. Vergleichsstufe
Verb	Tätigkeitswort, Zeitwort
Vokal	Selbstlaut

Zeitformen der Gegenwart
he / she / it + -s

E 001

In der 3. Person Einzahl der einfachen Gegenwart hängen wir die Endung *-s* an das Verb:
he / she / it – das „*s*" muss mit!

- *I live here. My brother live***s** *in the USA.*
  Ich lebe hier. Mein Bruder lebt in den USA.
- *We both work. Ann work***s** *from home.*
  Wir arbeiten beide. Ann arbeitet von zu Hause.

Zeitformen der Gegenwart
Verneinung mit *don't / doesn't*

E 002

Wir verneinen die einfache Gegenwart, indem wir *do + not* (Kurzform: *don't*) oder *does + not* (Kurzform: *doesn't*) vor das Verb setzen.

I ***don't smoke****.*	Ich rauche nicht.
Tim ***doesn't smoke****.*	Tim raucht nicht.

I / You / We / They	***don't***	*smoke.*
He / She / It	***doesn't***	*smoke.*

Zeitformen der Gegenwart
Einfache Gegenwart mit *always, often* usw.

E 003

Die Häufigkeitsangaben *always* (immer), *usually* (meistens), *normally* (normalerweise), *often* (oft), *sometimes* (manchmal) und *never* (nie) stehen vor dem Verb und seinen Ergänzungen.

Tim ***always/usually reads*** *the paper in the morning.*
Tim liest immer/gewöhnlich morgens die Zeitung.
Sue ***often drinks*** *water. She never drinks alcohol.*
Sue trinkt oft Wasser. Sie trinkt nie Alkohol.

Zeitformen der Gegenwart
Einfache Gegenwart mit *always, often* usw.

E 004

In verneinten Sätzen stehen die Häufigkeitsangaben *always, usually, normally, often, sometimes* und *never* zwischen *don't / doesn't* und dem Vollverb.

We ***don't always*** *eat breakfast.*
Wir frühstücken nicht immer.
Tina ***doesn't usually*** *drink coffee.*
Tina trinkt meistens keinen Kaffee.

Zeitformen der Gegenwart
he / she / it + -s **E 001**

Nach Zischlauten (*sh*, *ch*) wird die *-s*-Endung zu ***-es***:
*finish – finish**es**, watch – watch**es**, wash – wash**es**.*

Nach einem Konsonanten wird *-y* + *-s* zu ***-ies***:
*fly – fl**ies**, hurry – hurr**ies**, study – stud**ies**, try – tr**ies**.*
Nach einem Vokal bleibt *-y* unverändert: *say – sa**ys**.*

have, *do* und *go* haben besondere Formen:
*have – **has**, do – do**es**, go – go**es**.*

Zeitformen der Gegenwart
Verneinung mit *don't / doesn't* **E 002**

Wir können nicht verneinen, indem wir einfach *not* hinter das Verb stellen:
- *I don't work on Sundays.* ~~*I work not on Sundays*~~.
  Ich arbeite sonntags nicht.
- *They don't like fish.* ~~*They like not fish.*~~
  Sie mögen keinen Fisch.

Nach *doesn't* entfällt die *-s*-Endung des Verbs:
Tim doesn't play football. Tim spielt nicht Fußball.

Zeitformen der Gegenwart
Einfache Gegenwart mit *always, often* usw. **E 003**

Häufigkeitsangaben stehen nicht – wie im Deutschen – zwischen Verb und Ergänzung(en).

- *I always buy a paper.* ~~*I buy always a paper.*~~
  Ich kaufe immer eine Zeitung.
- *I never read the paper.* ~~*I read never the paper.*~~
  Ich lese nie die Zeitung.

Zeitformen der Gegenwart
Einfache Gegenwart mit *always, often* usw. **E 00**

Häufigkeitsangaben mit *every* (jede/r/s) stehen am Satzende.

- *Tim reads / doesn't read the paper **every morning**.*
  Tim liest / liest nicht jeden Morgen die Zeitung.
- *We have / don't have a hot meal **every day**.*
  Wir essen / essen nicht jeden Tag warm.

Zeitformen der Gegenwart
wh-Fragen mit *do* / *does*

E 005

Fragen in der einfachen Gegenwart bilden wir mit dem Hilfsverb *do*. Wir setzen *do* (bei *I*, *you*, *we*, *they*) oder *does* (bei *he*, *she*, *it*) hinter dem Fragewort ein.

How much time ***do*** *I have?*	Wie viel Zeit habe ich?
When ***do*** *you work?*	Wann arbeitest du?
What ***do*** *we need?*	Was brauchen wir?
Where ***do*** *they live?*	Wo wohnen sie?

Zeitformen der Gegenwart
Fragen und Kurzantworten mit *do* / *does*

E 006

Entscheidungsfragen (= Fragen mit Antwort „ja" oder „nein") bildet man in der einfachen Gegenwart mit dem Hilfsverb *do*. Die Frage beginnt mit *Do* oder *Does*.

Do *you speak English?*	Sprechen Sie Englisch?
Do *his parents know?*	Wissen es seine Eltern?
Does *Ann like fish?*	Mag Ann Fisch?
Does *this cost extra?*	Kostet das extra?

Zeitformen der Gegenwart
Verlaufsform der Gegenwart

E 007 ○●

Die Verlaufsform der Gegenwart beschreibt Handlungen und Vorgänge, die gerade jetzt im Verlauf begriffen sind.

I'm ***listening*** *to the radio.*	Ich höre (gerade) Radio.
Let's wait. It's ***raining****.*	Lasst uns warten. Es regnet (gerade).
The boys ***are playing*** *football.*	Die Jungs spielen (gerade) Fußball.

Zeitformen der Gegenwart
Verlaufsform der Gegenwart

E 008 ●●

Die Verneinung mit *not* kann man (außer bei *I*) auf zweierlei Weise bilden:

I'm not		
He / She's not	*He / She isn't*	
It's not	*It isn't*	
You're not	*You aren't*	*work**ing**.*
We're not	*We aren't*	
They're not	*They aren't*	

Zeitformen der Gegenwart
wh-Fragen mit *do / does* — E 005

*Why **does** he smoke?* Warum raucht er?
*What music **does** Ann like?* Welche Musik mag Ann?
*What **does** this mean?* Was bedeutet dies?

Do bzw. *does* kann in einer Frage zweimal vorkommen – als Hilfsverb und Vollverb:
*What **does** he do?* Was macht er beruflich?
*What kind of sports **do** you **do**?* Was für Sportarten machen Sie?

Zeitformen der Gegenwart
Fragen und Kurzantworten mit *do / does* — E 006

Auf Entscheidungsfragen antwortet man mit einer Kurzantwort, in der das Hilfsverb (*do* oder *does* – verneint: *don't* oder *doesn't*) wiederholt wird.

*Do I / we wait? – Yes, I / we **do.** // No, I / we **don't.***
*Do you / they know? – Yes, you / they **do.***
*No, you / they **don't.***
*Does he / she smoke? – Yes, he / she **does.***
*No, he / she **doesn't.***

Zeitformen der Gegenwart
Verlaufsform der Gegenwart — E 007

Bildung: *am, is, are* + Verb mit der Endung *-ing*.

I'm (= I am)
He's (= He is)
She's (= She is)
It's (= It is) *eat**ing**.*
You're (= You are)
We're (= We are)
They're (= They are)

Zeitformen der Gegenwart
Verlaufsform der Gegenwart — E 00

Stummes -*e* entfällt vor *-ing*:
*com**e** – com**ing*** *mak**e** – making* *giv**e** – giving*
*smok**e** – smoking* *hav**e** – having* *tak**e** – taking*
*leav**e** – leaving* *writ**e** – writing.*

Der Endkonsonant wird verdoppelt bei:
*ge**t** – ge**tt**ing* *si**t** – si**tt**ing* *pla**n** – pla**nn**ing*
*sto**p** – sto**pp**ing* *pu**t** – pu**tt**ing* *swi**m** – swi**mm**ing*
*shu**t** – shu**tt**ing* *trave**l** – trave**ll**ing.*

Zeitformen der Gegenwart
Verlaufsform mit *just, now* usw.

E 009

Die Verlaufsform der Gegenwart gebraucht man oft mit *just* (gerade), *now* (jetzt), *today* (heute), *at the moment* (im Augenblick), *this week / month / year* (diese Woche / diesen Monat / dieses Jahr).

Diese Zeitbestimmungen stehen nicht – wie im Deutschen – zwischen Verb und Ergänzung(en):
She is just leaving the office. ~~*She is leaving just the office*~~.
Sie verlässt gerade das Büro.

Zeitformen der Gegenwart
Fragen in der Verlaufsform

E 010

Fragen in der Verlaufsform bildet man durch Umstellung von Subjekt (= die Person, die etwas tut) und Hilfsverb (*am / are / is*). Die *-ing*-Form bleibt unverändert.

*What **is he** doing?*	Was macht er da gerade?
*Where **are you** staying?*	Wo wohnen Sie?
*Where **is she** sitting?*	Wo sitzt sie?
*Why **are we** stopping?*	Warum halten wir an?

Zeitformen der Gegenwart
›ignalwörter

E 011

›lit der einfachen Gegenwart sagen wir, was immer *always, every day / week / month / year*), meistens *usually, normally*), oft (*often*), manchmal (*sometimes*) ›der auch nie (*never*) geschieht.

›lit der einfachen Gegenwart beschreiben wir Gewohn-eiten und andere regelmäßige Geschehen.

›eitformen der Gegenwart
›ignalwörter

E 012

›ergleichen Sie:

*›ter **usually** cooks.*	*But I am cooking **today**.*
***always** rains a lot here.*	*But **now** it's snowing.*
*›n plays tennis **every Tuesday**.*	***Today** she is playing in a tournament.*
*›m **usually** gets up late ›n Sunday.*	*It's 11 o'clock now and he's **just** getting up.*

Zeitformen der Gegenwart
Verlaufsform mit *just, now* usw.

E 009

just steht vor der *-ing*-Form, sonst stehen Zeitangaben für den jetzigen Augenblick meist am Satzende.

*I'm **just** leaving home.*	Ich verlasse gerade das Haus.
*He is packing the car **now**.*	Er packt jetzt das Auto.
*We are watching an old film **at the moment**.*	Wir sehen im Augenblick einen alten Film.
*I'm not working **today**.*	Ich arbeite heute nicht.

Zeitformen der Gegenwart
Fragen in der Verlaufsform

E 010

Entscheidungsfragen (= Fragen mit Antwort „ja" oder „nein") beantwortet man mit einer Kurzantwort, in der das Hilfsverb (*am, are* oder *is*) wiederholt wird.

Am I		*Yes, I am.*	*No, I'm not.*
Is he/she		*Yes, he/she is.*	*No, he/she isn't.*
Are we	*working?*	*Yes, we are.*	*No, we aren't.*
Are you		*Yes, you are.*	*No, you aren't.*
Are they		*Yes, they are.*	*No, they aren't.*

Zeitformen der Gegenwart
Signalwörter

E 011

Mit der Verlaufsform der Gegenwart sagen wir, was gerade (*just*), jetzt (*now*), im Augenblick (*at the moment*), heute (*today*), diese Woche / diesen Monat / dieses Jahr (*this week / month / year*) geschieht.

Mit der Verlaufsform beschreiben wir einen Vorgang, der gerade im Verlauf begriffen ist.

Zeitformen der Gegenwart
Signalwörter

E 01

Vergleichen Sie:

*I don't **often** watch sport on TV*	*But I'm **just** watching some tennis.*
*We **sometimes** eat out on Fridays.*	*But **today** we are eating at home.*
*I **never** work on Sundays.*	*But my wife is working **this weekend**.*
*What do you do **on Friday evenings**?*	*What are you doing **at t… moment**?*

Zeitformen der Gegenwart
Unterschiede im Gebrauch

E 013

Mit der einfachen Gegenwart sagen wir, was regelmäßig in bestimmten Abständen geschieht.
Wir beschreiben damit einen Dauerzustand.

Mit der Verlaufsform der Gegenwart sagen wir, was jetzt gerade im Augenblick geschieht. Wir beschreiben damit auch vorübergehende Situationen von begrenzter Dauer, die gerade aktuell sind.

Zeitformen der Gegenwart
Unterschiede im Gebrauch

E 014

Mit der Verlaufsform beschreiben wir auch Entwicklungen und Veränderungen, die jetzt im Gange sind und noch nicht abgeschlossen sind. Dazu zählen auch längere Lern- und Ausbildungssituationen.

Zeitformen der Gegenwart
Verben ohne Verlaufsform

E 015

Eine kleine Gruppe von Verben, die einen Zustand bezeichnen, wird nur in der einfachen Form verwendet.

'ike gern haben/tun, *love* sehr gern haben/tun, *hate* ıngern haben/tun, *prefer* lieber haben/tun, *need* ɔrauchen, *want* wollen, *believe* glauben, *remember* sich erinnern, *forget* vergessen, *understand* verstehen, *mean* bedeuten, *seem* (er)scheinen, *depend on* abhängen von, *belong to* gehören, *know* wissen, kennen

Zeitformen der Gegenwart
Verben ohne Verlaufsform

E 016

e nach Bedeutung kann *have* in der Verlaufsform tehen oder auch nicht.

*'hey **have** a horse now.* haben [= besitzen]
*orry, I **have** no time today.* [zur Verfügung] haben
*ave **is having** a shower.* nehmen
*nn **is having** salad/coffee today.* essen / trinken
*'e **are having** a lovely holiday.* erleben

Zeitformen der Gegenwart
Unterschiede im Gebrauch

E 013 ○●

Dauerzustand	vorübergehende Situation
*We **live** in a two-room flat.*	*Our guests **are staying** in a hotel.*
*My husband **works** for Siemens.*	*He **is working** at home this week.*
*He **drives** to work.*	*But this week he **is going** by bus.*
*This company **buys** components from Asia.*	*We **are testing** a new supplier in Taiwan.*

Zeitformen der Gegenwart
Unterschiede im Gebrauch

E 014 ●●

- *The company **is expanding** fast.*
  Die Firma expandiert [zurzeit] schnell.
- *Our climate **is changing**.*
  Unser Klima verändert sich.
- *I **am learning** Italian. I **am doing** an intensive course.*
  Ich lerne Italienisch. Ich mache einen Intensivkurs.
- *Laura **is studying** law.*
  Laura studiert Jura.

Zeitformen der Gegenwart
Verben ohne Verlaufsform

E 015 ○●

- *Ben **likes** France, but I **prefer** Italy.*
  Ben mag Frankreich, aber ich mag Italien lieber.
- *I **believe** you now. I **know** you're right.*
  Ich glaube dir jetzt. Ich weiß, dass du Recht hast.
- *Do you **remember** that paella?*
  Erinnerst du dich an diese Paella?
- *The castle **belongs to** a film star now.*
  Das Schloss gehört jetzt einem Filmstar.

Zeitformen der Gegenwart
Verben ohne Verlaufsform

E 01 ●

Je nach Bedeutung kann *think* in der Verlaufsform stehen oder auch nicht.

*I **think** it's too expensive. What do you think?*	mein
*We **are thinking of** going to France again.*	überlege
*I'm **thinking about** your problem.*	nachdenken

Zeitformen der Vergangenheit
was und *were*

E 017

Die Vergangenheit von *am* und *is* heißt *was*, die Vergangenheit von *are* heißt *were*.
Die Verneinung ist *wasn't* (= *was not*) oder *weren't* (= *were not*).

I / he / she / it **was / wasn't**
we / you / they **were / weren't**

Zeitformen der Vergangenheit
was und *were*

E 018

Fragen beginnen mit *Was / Were* bzw. Fragewort + *was / were*.
Was / Were wird in der Kurzantwort wiederholt.

Was *I / he / she / it here?* *Yes, I / . . .* **was**.
No, I / . . . **wasn't**.
Were *we / you / they here?* *Yes, we / . . .* **were**.
No, we / . . . **weren't**.

Zeitformen der Vergangenheit
Vergangenheit regelmäßiger Verben

E 019

Wir bilden die Vergangenheitsform regelmäßiger Verben, indem wir *-ed* an den Infinitiv (Grundform) anhängen. Diese Form ist für alle Personen gleich, auch für *he*, *she* und *it*.

Die Verneinung bilden wir, indem wir *didn't* (= *did not*) vor den Infinitiv stellen. Auch *didn't* ist für alle Personen gleich. Nach *didn't* steht der Infinitiv des Verbs, die *-ed*-Endung entfällt.

Zeitformen der Vergangenheit
Vergangenheit regelmäßiger Verben

E 020

tummes -*e* entfällt vor -*ed*:
*rrive – arrive**d*** *liv**e** – live**d***
*hon**e** – phone**d*** *smok**e** – smoke**d***.

er Endkonsonant wird verdoppelt bei:
*lan – pla**nned*** *stop – sto**pped***
*avel – trave**lled***.

Zeitformen der Vergangenheit
was und *were*

E 017

- *I **was** here first!*
  Ich war zuerst da!
- *Ben **was** ill yesterday. He wasn't at work.*
  Ben war gestern krank. Er war nicht in der Arbeit.
- *We **weren't** here last week.*
  Wir waren letzte Woche nicht hier.
- *You **were** here before me.*
  Du warst vor mir da.

Zeitformen der Vergangenheit
was und *were*

E 018

Was *the film good? – No, it* ***wasn't.*** *It was awful.*
War der Film gut? – Nein. Er war schrecklich.
Were *your parents strict? – No, they* ***weren't****.*
Waren deine Eltern streng? – Nein.

What was *the weather like?* Wie war das Wetter?
Where were [!] *you born?* Wo sind Sie geboren?
Where were *you yesterday?* Wo warst du gestern?

Zeitformen der Vergangenheit
Vergangenheit regelmäßiger Verben

E 019

*I **watched** a film.*	Ich habe einen Film gesehen.
*I **didn't watch** sport.*	Ich habe nicht Sport gesehen
*John **worked** last Saturday.*	John hat letzten Samstag gearbeitet.
*He **didn't work** on Sunday.*	Er hat am Sonntag nicht gearbeitet.
*I **cleaned** yesterday.*	Ich habe gestern geputzt.
*I **didn't clean** the car.*	Ich habe das Auto nicht geputzt.

Zeitformen der Vergangenheit
Vergangenheit regelmäßiger Verben

E 02

Nach einem Konsonanten wird *-y* + *-ed* zu *-ied*:
*hurry – hurr**ied*** *study – stud**ied***
*try – tr**ied**.*

Nach einem Vokal bleibt *-y* erhalten:
*play – play**ed**.*

Zeitformen der Vergangenheit
Vergangenheit unregelmäßiger Verben

E 021

Wir bilden die Vergangenheitsform unregelmäßiger Verben nicht mit *-ed*, sondern sie haben besondere Formen, die man auswendig lernen muss.

- *We **flew** to Italy and **went** to Venice.*
  Wir sind . . . geflogen und . . . gefahren.
- *I **found** a new boutique and **bought** some new things.*
  Ich entdeckte eine neue Boutique und kaufte einige neue Sachen.

Zeitformen der Vergangenheit
Vergangenheit unregelmäßiger Verben

E 022

Infinitiv – Vergangenheit	
begin – began	beginnen
break – broke	(zer)brechen
bring – brought	bringen
build – built	bauen
buy – bought	kaufen
come – came	kommen
cost – cost	kosten
do – did	tun, machen

Zeitformen der Vergangenheit
Vergangenheit unregelmäßiger Verben

E 023

Infinitiv – Vergangenheit	
get – got	bekommen
give – gave	geben
go – went	gehen
ave – had	haben
ear – heard	hören
eep – kept	behalten
now – knew	kennen, wissen
eave – left	(hinter)lassen, abfahren

Zeitformen der Vergangenheit
Vergangenheit unregelmäßiger Verben

E 024

nfinitiv – Vergangenheit	
ay – said	sagen
ee – saw	sehen
ell – sold	verkaufen
end – sent	(ver)schicken
t – sat	sitzen
eep – slept	schlafen
eak – spoke	sprechen
end – spent	verbringen, ausgeben

Zeitformen der Vergangenheit
Vergangenheit unregelmäßiger Verben

E 021

Wie bei regelmäßigen Verben bilden wir die Verneinung mit *didn't* + Infinitiv (Grundform). Auch die Vergangenheit von *do* wird mit *didn't* gebildet.

*I **didn't have** time.*	Ich hatte keine Zeit.
*I **didn't understand**.*	Ich habe nicht verstanden.
*Tanja **didn't do** all the work.*	Tanja hat nicht die ganze Arbeit gemacht.

Zeitformen der Vergangenheit
Vergangenheit unregelmäßiger Verben

E 022

Infinitiv – Vergangenheit	
drink – drank	trinken
drive – drove	fahren
eat – ate	essen
fall – fell	fallen
feel – felt	(sich) (an)fühlen
find – found	finden
fly – flew	fliegen
forget – forgot	vergessen

Zeitformen der Vergangenheit
Vergangenheit unregelmäßiger Verben

E 023

Infinitiv – Vergangenheit	
lose – lost	verlieren
make – made	machen
mean – meant	bedeuten, meinen
meet – met	treffen
pay – paid	(be)zahlen
put – put	legen, stellen, stecken
read – read	lesen
ring – rang	anrufen; klingeln

Zeitformen der Vergangenheit
Vergangenheit unregelmäßiger Verben

E 02

Infinitiv – Vergangenheit	
stand – stood	stehen
swim – swam	schwimmen
take – took	nehmen; dauern
tell – told	erzählen
think – thought	denken
understand – understood	verstehen
wear – wore	tragen
write – wrote	schreiben

Zeitformen der Vergangenheit
Fragen und Kurzantworten mit *did*

E 025

Fragen nach der Vergangenheit bilden wir mit *did*. *Did* ist die Vergangenheitsform von *do* und *does*.

I		*Yes, I* ***did****.*
		No, I ***didn't****.*
Did *he / she / it*	*go?*	*Yes, he / she / it* ***did****.*
		No, he / she / it ***didn't****.*
we / you / they		*Yes, we / you / they* ***did****.*
		No, we / you / they ***didn't****.*

Zeitformen der Vergangenheit
Signalwörter *yesterday, when?, ago* usw.

E 026

Bei Zeitangaben, die einen festen Zeitpunkt oder Zeitraum der abgeschlossenen Vergangenheit bezeichnen, müssen wir die englische Vergangenheitsform verwenden:
- *when?* (wann?), *yesterday* (gestern)
- Ausdrücke mit *last*
- Ausdrücke mit Uhrzeiten und Wochentagen
- Ausdrücke mit Monaten, Daten und Jahreszahlen
- Ausdrücke mit *ago*.

Zeitformen der Vergangenheit
Signalwörter *yesterday, when?, ago* usw.

E 027

ago entspricht „vor" und steht am Ende einer Zeitbestimmung, nicht am Anfang.

vor zwei Tagen = *two days* ***ago*** (~~*for two days*~~)
vor einer Stunde = *an hour* ***ago*** (~~*for an hour*~~)

Ron sent me an e-mail three days ***ago****.*
Ron hat mir vor drei Tagen eine E-Mail geschickt.

Zeitformen der Vergangenheit
Verlaufsform der Vergangenheit

E 028

Die Verlaufsform der Vergangenheit bilden wir mit *was / were* + Verb mit der Endung *-ing*.

		Verneinung
I / He / She / It	***was*** *work****ing***	***wasn't*** *play****ing****.*
We / You / They	***were*** *work****ing***	***weren't*** *play****ing****.*

Fragen:
Was *I / . . . work****ing****?* ***Were*** *we / . . . play****ing****?*

Zeitformen der Vergangenheit
Fragen und Kurzantworten mit *did*

E 025

- ***Did** you **work** last weekend?*
  Hast du letztes Wochenende gearbeitet?
- *What **did** the boss **say**?* (~~*What said the boss?*~~)
  Was hat der Chef gesagt?

Auch wenn wir fragen, was jemand getan hat, kommt *did* zum Einsatz. In diesen Fragen heißt es *did . . . do*.
*What **did** you **do** yesterday?* (~~*What did you yesterday?*~~)
Was hast du gestern gemacht?

Zeitformen der Vergangenheit
Signalwörter *yesterday, when?, ago* usw.

E 026

○●

***When** did you move?*	Wann seid ihr umgezogen?
*I saw Jane **yesterday**.*	Ich habe gestern Jane gesehen.
*We went to the theatre **last week**.*	Wir sind letzte Woche ins Theater gegangen.
*We didn't go out **on Sunday**.*	Am Sonntag sind wir nicht ausgegangen.
*I flew to Chile **in April 2001**.*	Im April 2001 bin ich nach Chile geflogen.

Zeitformen der Vergangenheit
Signalwörter *yesterday, when?, ago* usw.

E 027

●●

Zeitangaben, die einen festen Zeitpunkt / Zeitraum der Vergangenheit bezeichnen, stellen wir an den Satzanfang oder ans Satzende. Sie können nicht – wie im Deutschen – zwischen Verb und Ergänzungen stehen.

- *Yesterday I saw Jane.* oder: *I saw Jane yesterday.*
  Nicht: ~~*I saw yesterday Jane*~~.
- *In June I bought a car.* oder: *I bought a car in June*
  Nicht: ~~*I bought in June a car*~~.

Zeitformen der Vergangenheit
Verlaufsform der Vergangenheit

E 028

○●

Mit der Verlaufsform der Vergangenheit beschreiben wir einen Vorgang, der zu einem bestimmten Zeitpunk gerade im Verlauf begriffen war.

- *It **was raining** hard, so I stayed in the office.*
  Es regnete (gerade) stark, also blieb ich im Büro.
- *People **were waiting** in the street.*
  Menschen warteten (gerade) auf der Straße.

Zeitformen der Vergangenheit
Verlaufsform der Vergangenheit

E 029

Mit der Verlaufsform der Vergangenheit beschreiben wir eine „Hintergrundsituation“, die von einem anderen Geschehen unterbrochen wurde. Die Unterbrechung steht in der Vergangenheitsform.

- *I **was playing** a game when my boss **walked** in.*
  Ich spielte gerade . . ., als mein Chef hereinkam.
- *We **were having** lunch when Tom **arrived**.*
  Wir aßen gerade zu Mittag, als Tom kam.

Zeitformen der Vergangenheit
Bildung des Present Perfect

E 030

Wir bilden das Present Perfect mit *have / has* + Partizip Perfekt. Bei regelmäßigen Verben ist dieses Partizip identisch mit der Vergangenheitsform und hat die Endung *-ed*.

I / You / We / They	***have***	*start**ed**.*
I / You / We / They	***haven't*** *(= have not)*	*finish**ed**.*
He / She / It	***has***	*start**ed**.*
He / She / It	***hasn't*** *(= has not)*	*finish**ed**.*

Zeitformen der Vergangenheit
Bildung des Present Perfect

E 031

Infinitiv – Vergangenheit – Partizip	
begin – began – begun	beginnen
break – broke – broken	(zer)brechen
bring – brought – brought	bringen
build – built – built	bauen
buy – bought – bought	kaufen
come – came – come	kommen
cost – cost – cost	kosten
do – did – done	tun, machen

Zeitformen der Vergangenheit
Bildung des Present Perfect

E 032

Infinitiv – Vergangenheit – Partizip	
get – got – got	bekommen
give – gave – given	geben
go – went – gone	gehen
have – had – had	haben
hear – heard – heard	hören
keep – kept – kept	behalten
know – knew – known	kennen, wissen
leave – left – left	(hinter)lassen, abfahren

Zeitformen der Vergangenheit
Verlaufsform der Vergangenheit

E 029

Die Verlaufsform beschreibt eine Tätigkeit, die zum Zeitpunkt X im Verlauf begriffen war. Die einfache Form beschreibt eine abgeschlossene Tätigkeit, oft in einer Kette von Handlungen.

- *Ben **was washing** the car when it **started** to rain.* Ben war dabei, das Auto zu waschen, als es zu regnen anfing.
- *Ben **washed** the car, then **drove** it into the garage.* Ben hat das Auto gewaschen, dann hat er es in die Garage gefahren.

Zeitformen der Vergangenheit
Bildung des Present Perfect

E 030

Bei unregelmäßigen Verben ist das Partizip zum Teil identisch mit der Vergangenheitsform, zum Teil aber nicht.

Infinitiv – Vergangenheit – Partizip
buy – bought – bought
*We **have bought** a new car.*
drive – drove – driven
*We **have driven** 50 kilometres.*

Zeitformen der Vergangenheit
Bildung des Present Perfect

E 031

Infinitiv – Vergangenheit – Partizip	
drink – drank – drunk	trinken
drive – drove – driven	fahren
eat – ate – eaten	essen
fall – fell – fallen	fallen
feel – felt – felt	(sich) (an)fühlen
find – found – found	finden
fly – flew – flown	fliegen
forget – forgot – forgotten	vergessen

Zeitformen der Vergangenheit
Bildung des Present Perfect

E 032

Infinitiv – Vergangenheit – Partizip	
lose – lost – lost	verlieren
make – made – made	machen
mean – meant – meant	bedeuten, meinen
meet – met – met	treffen
pay – paid – paid	(be)zahlen
put – put – put	legen, stellen, stecke
read – read – read	lesen
ring – rang – rung	anrufen; klingeln

Zeitformen der Vergangenheit
Bildung des Present Perfect

E 033 ●●●●

Infinitiv – Vergangenheit – Partizip	
say – said – said	sagen
see – saw – seen	sehen
sell – sold – sold	verkaufen
send – sent – sent	(ver)schicken
sit – sat – sat	sitzen
sleep – slept – slept	schlafen
speak – spoke – spoken	sprechen
spend – spent – spent	verbringen, ausgeben

Zeitformen der Vergangenheit
Present Perfect mit *Have you ever ... ?*

E 034 ○●

Wenn wir danach fragen, ob jemand etwas jemals, schon einmal, in der ganzen Zeit bis jetzt getan hat, verwenden wir das Present Perfect mit *ever*.

- ***Have you ever** driven a sports car?*
  Haben Sie schon einmal einen Sportwagen gefahren?
- ***Have you ever** been to Canada?*
  Waren Sie schon einmal in Kanada?

Zeitformen der Vergangenheit
Present Perfect mit *Have you ever ... ?*

E 035 ●●

Oft beantworten wir eine *Have you ever*-Frage mit „ja" und geben dann weitere Einzelheiten, z. B. über Ort und Zeit. Eine solche Antwort steht in der Vergangenheitsform, wenn sie eine Zeitbestimmung wie *yesterday, ago, last (week), in (2001), on (Monday), at (1 o'clock)* enthält.

- ***Have you ever** lost a lot of money? – Yes, two years ago I **left** (~~have left~~) a jacket with €200 on a train.*
- ***Have you ever** smoked? – Yes, but I **gave up** last year.*

Zeitformen der Vergangenheit
Signalwörter für das Present Perfect

E 036

Das Present Perfect verwenden wir – neben *ever* und *never* – bei folgenden Zeitbestimmungen:

already	schon	*before*	schon (ein)mal
always	schon immer	*yet?*	schon? [in Fragen]
lately / recently	in letzter Zeit	*not yet*	noch nicht
so far	bisher, bis jetzt	*just*	gerade

Zeitformen der Vergangenheit
Bildung des Present Perfect

E 033 ●●●●

Infinitiv – Vergangenheit – Partizip

stand – stood – stood	stehen
swim – swam – swum	schwimmen
take – took – taken	nehmen; dauern
tell – told – told	erzählen
think – thought – thought	denken
understand – understood – understood	verstehen
wear – wore – worn	tragen
write – wrote – written	schreiben

Zeitformen der Vergangenheit
Present Perfect mit *Have you ever* … ?

E 034 ○●

Auf solche Fragen kann eine Kurzantwort folgen.
Have you ever flown? – ***Yes, I have. / No, I haven't.***
Has he ever won? – ***Yes, he has. / No, he hasn't.***

Auch eine längere Antwort steht im Present Perfect, wenn die Zeitbestimmung *never* (nie, niemals) darin vorkommt.
Have you ever lost a lot of money?
– No, that ***has never happened*** *to me.*

Zeitformen der Vergangenheit
Present Perfect mit *Have you ever* … ?

E 035 ●●

Vor einem Orts- bzw. Ländernamen steht *have / has been to* und *went to.*

Have you ever been to *(~~Were you ever in~~) Portugal?*
Waren Sie schon einmal in Portugal?
– Yes, I ***went to*** *Lisbon last year.*
– Ja, ich war letztes Jahr in Lissabon.

Zeitformen der Vergangenheit
Signalwörter für das Present Perfect

E 03

I've ***already*** *eaten.*	Ich habe schon gegessen.
Has Peter phoned ***yet****?*	Hat Peter schon angerufen
I've ***always*** *wanted a dog.*	Ich wollte schon immer einen Hund.
It has happened ***before****.*	Es ist schon mal passiert.
I've ***just*** *eaten.*	Ich habe gerade gegessen.
John hasn't arrived ***yet****.*	John ist noch nicht angekommen.
Tony has been ill a lot ***recently / lately****.*	Tony war in letzter Zeit viel krank.

Zeitformen der Vergangenheit
Present Perfect oder Vergangenheitsform? E 037

Wenn wir sagen, dass jemand etwas irgendwann schon einmal, in der ganzen Zeit bis jetzt getan hat, verwenden wir das Present Perfect. Wir sagen, dass etwas geschehen ist. Wichtig ist das gegenwärtige Ergebnis. Z. B.:

*I **have read** this book.*
Ich habe dieses Buch gelesen.
Ergebnis: → Ich kenne es.

Zeitformen der Vergangenheit
Present Perfect oder Vergangenheitsform? E 038

Wenn wir sagen, dass jemand etwas zu einem bestimmten vergangenen Zeitpunkt getan hat, verwenden wir die Vergangenheitsform. Wir sagen, wann etwas geschehen ist.

Zeitformen der Vergangenheit
Present Perfect oder Vergangenheitsform? E 039

Auch wenn der vergangene Zeitpunkt, zu dem etwas geschehen ist, nicht explizit genannt, wohl aber gedacht wird, muss man im Englischen die Vergangenheitsform verwenden.

Zeitformen der Vergangenheit
Present Perfect mit *since* und *for* E 040

Im Englischen verwenden wir das Present Perfect (nicht die Gegenwart!), wenn wir sagen, wie lange ein Zustand schon andauert – ein Zustand, der in der Vergangenheit begonnen hat und bis in die Gegenwart andauert. Wir verwenden das Present Perfect mit:

- ***since***, wenn wir den Anfangszeitpunkt nennen. Wenn wir sagen, seit wann etwas andauert.
- ***for***, wenn wir die Zeitspanne nennen. Wenn wir sagen, wie lange etwas schon andauert.

Zeitformen der Vergangenheit
Present Perfect oder Vergangenheitsform?

E 037 ○○●

	Ergebnis:
*Jane **has booked** a table.*	Ein Tisch ist reserviert.
*I've **paid** the bill.*	Wir können jetzt gehen.
*Mrs Johnson **has left**.*	Heute ist sie nicht mehr zu sprechen.
*Sue **has worked** in Japan.*	Sie kennt die Gepflogenheiten dort.

Zeitformen der Vergangenheit
Present Perfect oder Vergangenheitsform?

E 038 ○●●

- *I **read** an interesting article last week.*
- *We **booked** our summer holiday yesterday.*
- *Jenny **phoned** last Friday.*
- *I **bought** this a long time ago.*

Zeitformen der Vergangenheit
Present Perfect oder Vergangenheitsform?

E 039 ●●●

- *My great-grandfather **worked** very hard.* [Damals, als er lebte.]
- *It **was** a long way, so we **left** home very early.* [Damals, als wir verreist sind.]
- *We **paid** only DM 130,- for two nights.* [= Damals.]

Zeitformen der Vergangenheit
Present Perfect mit *since* und *for*

E 04

- *We have lived (~~We live~~) here **since 1995**.*
  Wir wohnen seit 1995 hier.
- *I've known (~~I know~~) her **since my schooldays**.*
  Ich kenne sie seit meiner Schulzeit.
- *I've had (~~I have~~) this jacket **for over 10 years**.*
  Ich habe diese Jacke seit über 10 Jahren.
- *The car has been (~~The car is~~) there **for three weeks***
  Das Auto steht seit drei Wochen dort.

Zeitformen der Vergangenheit
Present Perfect mit *How long …?*

E 041

Wenn wir fragen, wie lange ein Zustand schon andauert, verwenden wir *How long …?* zusammen mit dem Present Perfect.

Die Antwort steht ebenfalls im Present Perfect und kann eine Zeitbestimmung mit *since* oder *for* enthalten oder auch eine mit *all* (z. B. *all my life, all day, all morning*).

Zeitformen der Vergangenheit
used to

E 042

Mit *used to* + Infinitiv drücken wir aus, was jemand früher öfter, regelmäßig oder gewohnheitsmäßig getan hat – aber jetzt nicht mehr tut.

- *I **used to smoke**, but I stopped last year.*
  Ich habe früher geraucht, aber ich habe letztes Jahr aufgehört.
- *Jackie **used to have** long hair. But I like it short.*
  Jackie hatte früher immer lange Haare. Aber kurz gefallen sie mir.

Zeitformen der Vergangenheit
Vorvergangenheit

E 043

Wir verwenden *had* + Partizip Perfekt, um auszudrücken, dass etwas in der Vergangenheit bereits abgeschlossen war.
had ist für alle Personen gleich. Die Kurzform ist *'d*.

I / You / We / They	***had***	*start**ed**.*
I / You / We / They	***had not***	*finish**ed**.*
He / She / It	***had***	*start**ed**.*
He / She / It	***had not***	*finish**ed**.*

Zeitformen der Zukunft
be going to

E 044

Mit *be going to* + Infinitiv drücken wir eine Absicht, ein Vorhaben, einen Entschluss oder Plan aus.

*I'**m going to** watch TV.*	Ich will (gleich) fernsehen.
*I'**m not going to** tell you.*	Das sage ich dir nicht.
*She **is not going to** pay.*	Sie will nicht bezahlen.
***Are** you **going to** drive or come by train?*	Wollt ihr mit dem Auto oder mit dem Zug kommen?

Zeitformen der Vergangenheit
Present Perfect mit *How long …?* **E 041**

- ***How long*** *have you lived* (~~*do you live*~~) *here? – I've lived* (~~*I live*~~) *here* ***all my life****.*
  Wie lange wohnen Sie schon hier? – Ich wohne hier schon mein ganzes Leben lang.
- ***How long*** *has he worked* (~~*does . . . work*~~) *here?*
  – He has worked (~~*He works*~~) *here* ***all his working life****.*
- ***How long*** *have you felt* (~~*do you feel*~~) *sick?*
  – Well, I've had (~~*I have*~~) *a migraine* ***all day****.*

Zeitformen der Vergangenheit
used to **E 042**

Die Form *used to* ist für alle Personen gleich.
Frage und Verneinung bilden wir mit *did(n't)*.

- *I* ***didn't use to like*** *Fiona, but now I think she's quite nice.*
  Ich mochte Fiona früher nicht, aber jetzt finde ich sie ganz nett.
- *Where* ***did you use*** *to work before you started here?*
  Wo haben Sie früher gearbeitet, bevor Sie hier anfingen?

Zeitformen der Vergangenheit
Vorvergangenheit **E 043**

- *When we got to the station, the train* ***had*** *already* ***left****.*
  Als wir zum Bahnhof kamen, war der Zug bereits abgefahren.
- *When I phoned, someone* ***had*** *already* ***informed*** *him*
  Als ich anrief, hatte ihn jemand bereits informiert.
- *I found the keys. They****'d been*** *in my pocket all the time.*
  Ich fand die Schlüssel. Sie waren die ganze Zeit in meiner Tasche gewesen.

Zeitformen der Zukunft
be going to **E 04**

Mit *be going to* sagen wir auch, was wir aufgrund von Vorzeichen kommen sehen. Wir drücken eine an Gewissheit grenzende Erwartung aus.
- *We****'re going to*** *be late.*
  Wir kommen zu spät.
- *Look at those clouds. It****'s going to*** *rain.*
  Schau dir diese Wolken an. Es regnet gleich.
- *Oh no! There****'s going to*** *be an accident.*
  Oh nein! Da passiert gleich ein Unfall.

Zeitformen der Zukunft
Verlaufsform der Gegenwart

E 045

Mit der Verlaufsform der Gegenwart drücken wir aus, dass etwas für die Zukunft ausgemacht ist.
Es liegt eine bestimmte Zeitplanung vor, Vorkehrungen und Abmachungen sind getroffen.
Wir verwenden in aller Regel auch eine entsprechende Zeitangabe: *tomorrow, next week, on Thursday* usw.

Zeitformen der Zukunft
will / won't: Bildung

E 046

Mit *will* und *won't* + Infinitiv sagen wir, was in der Zukunft eintreten bzw. nicht eintreten wird.
will und *won't* sind für alle Personen gleich.
will hat die Kurzform *'ll*. *won't* entspricht *will not*.

will entspricht deutsch „werden". Deutsch „wollen" dagegen entspricht *want(s) (to)*.
Sandra will Kaffee, nicht Tee. = *Sandra wants* (~~*will*~~) *coffee, not tea.*

Zeitformen der Zukunft
will / won't: Gebrauch

E 047

will und *won't* verwenden wir oft nach *I (don't) think* (ich glaube [nicht]), *I hope* (ich hoffe), *I expect* (ich rechne damit), *I'm certain / sure* (ich bin mir sicher) und *I'm afraid* (ich fürchte).

I think Sonia ***will find*** *her new job very interesting.*
*I hope we'****ll have*** *time to see Soho.*
*I expect they'****ll tell*** *us at the meeting tomorrow.*
I'm certain / sure it ***won't happen*** *before next year.*
I'm afraid I ***won't be*** *there.*

Das Passiv
Bildung

E 048

In der Grammatik unterscheiden wir zwischen Aktivsätzen und Passivsätzen.
In einem Aktivsatz wird gesagt, wer etwas tut, z. B.
Ann ***bakes*** *great cakes.* (Ann backt tolle Kuchen.)

In einem Passivsatz wird gesagt, was mit jemandem oder etwas getan wird / wurde, z. B.
This cake ***was baked*** *yesterday.* (Dieser Kuchen wurde gestern gebacken.)

Zeitformen der Zukunft
Verlaufsform der Gegenwart

E 045

- *My friend Julie* ***is getting married*** *on 17th April.*
  Meine Freundin Julie heiratet am 17. April.
- *Steve* ***is taking*** *his driving test next Friday.*
  Nächsten Freitag macht Steve seine Fahrprüfung.
- *We'****re having*** *dinner together tomorrow.*
  Morgen essen wir zusammen zu Abend.
- *What* ***are*** *you* ***doing*** *this weekend?*
  Was machst du kommendes Wochenende?

Zeitformen der Zukunft
will / won't: Bildung

E 046

- *Our friends from Chicago* ***will be*** *here next week.*
  Unsere Freunde . . . werden nächste Woche hier sein.
- *Prices* ***will rise*** *next year by 3%.*
  Die Preise werden nächstes Jahr um 3 % steigen.
- *I'll try to find out tomorrow, but it* ***won't be*** *easy.*
  Ich werde versuchen . . ., aber es wird nicht leicht sein.
- *When* ***will*** *I* ***see*** *you again?*
  Wann werde ich dich wiedersehen?

Zeitformen der Zukunft
will / won't: Gebrauch

E 047

will / won't verwenden wir für spontane Entschlüsse und Angebote – *going to* dagegen für solche, die vorüberlegt sind.

*I'****ll carry*** *that.*	Das trage ich.
*Wait. I'****ll get*** *a plaster.*	Warte. Ich hole ein Pflaster
Deborah ***is going to have*** *a big party at the Hilton.*	Deborah will eine große Party im Hilton feiern.

Das Passiv
Bildung

E 04

Bildung des Passivs: Form von *be* + Partizip Perfekt.

Gegenwart: *am / is / are* + Partizip Perfekt

Aktiv *People in Canada* ***speak*** *English.*
Passiv *English* ***is spoken*** *in Canada.*
In Kanada wird Englisch gesprochen.
Aktiv *People often* ***eat*** *chips with ketchup.*
Passiv *Chips* ***are*** *often* ***eaten*** *with ketchup.*
Pommes frites werden oft mit Ketchup gegesse

Das Passiv
Bildung

E 049 ●●

Vergangenheit: *was / were* + Partizip Perfekt

Aktiv *They **arrested** a man yesterday.*

Passiv *A man **was arrested** yesterday.*
Ein Mann wurde gestern verhaftet.

Aktiv *They **built** these houses in 1980.*

Passiv *These houses **were built** in 1980.*
Diese Häuser wurden 1980 gebaut.

Das Passiv
Urheber mit *by*

E 050

In einem Passivsatz wird die handelnde Person (der so genannte Urheber) meist nicht genannt, weil sie unbekannt oder unwichtig ist. Wird sie doch genannt, dann mit *by* (nicht ~~*from*~~).

Aktiv *Lisa **baked** this cake.*

Passiv *This cake **was baked by** Lisa.*
Dieser Kuchen wurde von Lisa gebacken.

Fragen
who-Fragen mit und ohne *do*

E 051

who-Fragen, in denen *who* „wen / wem" entspricht, bilden wir mit *do, does* oder *did* – wenn sonst kein Hilfsverb vorhanden ist (z. B. *have, will, is / were*).
who-Fragen, in denen *who* „wer" entspricht, bilden wir ohne das Hilfsverb *do*.

Tina wakes Tim every morning.

***Who does** Tina **wake**?* Wen weckt Tina?

***Who wakes** Tim?* Wer weckt Tim?

Fragen
Fragen mit Präpositionen

E 052

In Fragen mit Fragewörtern (*who, what, where, which*) steht eine Präposition (*in, of, with, to* usw.) normalerweise am Satzende, hinter dem Verb und dessen Ergänzungen.
Die Präposition steht also dort, wo sie auch in einem Aussagesatz stehen würde.

He went on holiday with his parents.

*Who did he go on holiday **with**?*

Das Passiv
Bildung

E 049 ●●

Present Perfect: *have / has + been* + Partizip Perfekt.
Aktiv *They'**ve invited** Ed and Ann.*
Passiv *Ed **has** / Ed and Ann **have been invited**.*
Ed ist / Ed und Ann sind eingeladen worden.

Nach *will* oder Modalverb: *be* + Partizip Perfekt.
Aktiv *Someone **will** / **must inform** us.*
Passiv *We **will be** / **must be informed**.*
Wir werden / müssen informiert werden.

Das Passiv
Urheber mit *by*

E 050

Wir fragen nach dem Urheber mit *Who . . . by?*
Dabei steht *by* am Satzende, nicht am Satzanfang.

- ***Who** was the photo taken **by**?*
  Von wem wurde das Foto gemacht?
- ***Who** were the sandwiches made **by**?*
  Von wem wurden die Butterbrote gemacht?

Fragen
who-Fragen mit und ohne *do*

E 051

Tina phoned Tim at the office yesterday.
*Who **did** Tina **phone**?* Wen hat Tina angerufen?
*Who **phoned** Tim?* Wer rief Tim an?

Entsprechend ist der Gebrauch in Fragen mit *what*.
*What **did** you **do**?* Was habt ihr gemacht?
*What **happened**?* Was ist passiert?

Fragen
Fragen mit Präpositionen

E 05

*What are they looking **for**?* Wonach suchen sie?
***Where** did you fly **to**?* Wohin seid ihr gefloger
***Who** were you talking **to**?* Mit wem hast du da gerade gesprochen?
***What** are you so sad **about**?* Worüber bist du so traurig?
***Which** country does she come **from**?* Aus welchem Land kommt sie?

Fragen
Bestätigungsfragen

E 053

In Fragen wie diesen suchen wir Bestätigung vom Gesprächspartner. Das Hilfsverb wird wiederholt: ein bejahtes wird verneint, ein verneintes bejaht. Im Deutschen sagen wir „(doch ...) nicht wahr?“, „nicht?“, „oder?“

We are late, ***aren't we****?*	*We aren't late,* ***are we****?*
Tom can swim, ***can't he****?*	*Tom can't swim,* ***can he****?*
I've paid, ***haven't I****?*	*I haven't paid,* ***have I****?*

Modalverben
can – be able to

E 054

Das Verb *can* hat eine Gegenwarts- und eine Vergangenheitsform.

Gegenwart

I ***can*** *read Italian.*	Ich kann Italienisch lesen.
I ***can't*** *speak it.*	Ich kann es nicht sprechen.

Vergangenheit

Glenn ***could*** *walk at 15 months.*	Glenn konnte mit 15 Monaten laufen.
He ***couldn't*** *talk.*	Er konnte nicht sprechen.

Modalverben
mustn't – don't have to – needn't

E 055

must not drückt ein Verbot aus. *must not* entspricht „nicht dürfen“, nicht „~~nicht müssen~~“.

- *You* ***mustn't*** *feed the animals.*
  Du darfst die Tiere nicht füttern.
- *You* ***mustn't*** *tell anyone what I said.*
  Du darfst niemandem erzählen, was ich gesagt habe.
- *It's Tony's birthday tomorrow. I* ***mustn't*** *forget.*
  . . . Ich darf ihn nicht vergessen.

odalverben
ust – have to

E 056

ust existiert nur als Gegenwartsform. Die Zeitstufen ergangenheit, Present Perfect und Zukunft bilden wir it dem Ersatzverb *have to*.

egenwart	*I* ***must*** *do more sport.*
ergangenheit	*They* ***had to*** *wait.*
esent Perfect	*We've* ***had to*** *call the doctor.*
kunft	*You'll* ***have to*** *pay extra.*

Fragen
Bestätigungsfragen

E 053

Nicht immer ist ein Hilfsverb im Satz vorhanden. In diesem Fall setzen wir in der Bestätigungsfrage *don't, doesn't* oder *didn't* ein.

Einfache Gegenwart:	*You smoke*, ***don't you***?
	He smokes, ***doesn't he***?
Vergangenheit:	*Tony phoned*, ***didn't he***?

Das verneinte Hilfsverb *do / did* wird dagegen bejaht:
You don't smoke, ***do you***?
Tony didn't phone, ***did he***?

Modalverben
can – be able to

E 054

can hat keine Present-Perfect- oder Zukunftsform. Diese Zeiten bilden wir mit dem Ersatzverb *be able to*.

Present Perfect
*I'**ve been able to** rest.*
*I **haven't been able to** sleep.*
Zukunft
*We'**ll be able to** come.*
*We **won't be able to** stay.*

Modalverben
mustn't – don't have to – needn't

E 055

„nicht müssen" wird durch *don't / doesn't have to* ode *needn't* wiedergegeben. Damit drücken wir aus, dass etwas nicht nötig ist.

- *Tom **doesn't have to** work at weekends.*
  Tom muss am Wochenende nicht arbeiten.
- *You **don't have to** tell me if you don't want to.*
  *You **needn't** tell me if you don't want to.*
  Du musst / brauchst es mir nicht (zu) sagen, . . .

Modalverben
must – have to

E 05

Fragen in der Gegenwart und Vergangenheit bildet man mit *do + have to*.

Gegenwart	***Do** you **have to** get up early?*
	***Does** Ben **have to** work today?*
Vergangenheit	***Did** you **have to** wait?*

-ing-Form – Infinitiv
Verb + *-ing*

E 057

Auf bestimmte Verben folgt im Englischen eine *-ing*-Form als Objekt.

- *I **enjoy** work**ing** at home.*
  Ich arbeite gern zu Hause.
- *Can you **imagine** liv**ing** in the country?*
  Kannst du dir vorstellen auf dem Land zu leben?
- *Barbara **suggested** fly**ing**.*
  Barbara hat vorgeschlagen zu fliegen.

-ing-Form – Infinitiv
Verb + *-ing*

E 058

Eine *-ing*-Form steht insbesondere nach Verben des Mögens und Nicht-Mögens:

like doing	gern tun
love doing	liebend gern tun
enjoy doing	gern tun, es genießen zu tun

-ing-Form – Infinitiv
/erb + *-ing*

E 059

Eine *-ing*-Form steht auch nach Verben des Beginnens, Fortsetzens und Beendens:

egin / start doing	beginnen / anfangen zu tun
arry on / continue doing	weiter tun
inish doing	zu Ende tun
ive up doing	aufgeben / aufhören zu tun
top doing	aufhören zu tun

ing-Form – Infinitiv
vould like / love / prefer + *to*-Infinitiv

E 060

uf *like, love, prefer, hate* kann eine *-ing*-Form folgen oder aber ein *to*-Infinitiv.
uf *would like, would love, would prefer, would hate* ann nur ein *to*-Infinitiv folgen.

*like swimm**ing** / **to swim** in the sea.*
*would like **to swim** in a tropical lagoon.*

-ing-Form – Infinitiv
Verb + *-ing*

E 057

Die *-ing*-Form in Sätzen wie *I like reading* hat – trotz gleicher Form – nichts mit der Verlaufsform des Verbs zu tun, sondern ist eine Art Nomen. Vergleichen Sie:

- *I **like** books. Books are one of my hobbies.*
  Ich mag Bücher. Bücher sind ein Hobby von mir.
- *I **like** reading. Reading is one of my hobbies.*
  Ich mag das Lesen. Lesen ist ein Hobby von mir.

-ing-Form – Infinitiv
Verb + *-ing*

E 058

Eine *-ing*-Form steht insbesondere nach Verben des Mögens und Nicht-Mögens:

prefer doing	lieber tun
hate doing	hassen, ungern haben/tun
(not) mind doing	etwas / nichts dagegen haben zu tun

-ing-Form – Infinitiv
Verb + *-ing*

E 059

Eine *-ing*-Form steht auch nach folgenden Verben:

avoid doing	vermeiden zu tun
imagine doing	sich vorstellen zu tun
practise doing	üben zu tun
suggest doing	vorschlagen zu tun

-ing-Form – Infinitiv
would like / love / prefer + *to*-Infinitiv

E 06

*Charles loves cook**ing** / **to cook**.*
*Charles would love **to cook** in his own restaurant.*

*Laura prefers travel**ling** / **to travel** to work by train.*
*I would prefer **to travel** by car.*

*Andy hates work**ing** / **to work** at night.*
*I would hate **to work** at night, too.*

-ing-Form – Infinitiv
would like / love / prefer + to-Infinitiv

E 061

Auch auf viele andere Verben folgt – wie im Deutschen – nur ein *to*-Infinitiv.

afford	sich leisten	*decide*	sich entscheiden
hope	hoffen	*learn*	lernen
manage	es schaffen	*offer*	anbieten
plan	planen	*promise*	versprechen
refuse	sich weigern	*seem*	scheinen
want	wollen		

-ing-Form – Infinitiv
Verb + Präposition + -ing

E 062

Nach einer Präposition steht ein Verb immer in der -*ing*-Form, nicht im Infinitiv.
Präpositionen sind Wörter wie: *about, against, at, for, from, in, like, of, on, to, with, worth.*

- *We have often thought about* ***moving****.*
  Wir haben oft daran gedacht umzuziehen.
- *Is it worth* ***waiting*** *for Jack?*
  Lohnt es sich, auf Jack zu warten?

-ing-Form – Infinitiv
Verb + Präposition + -ing

E 063

Eine -*ing*-Form folgt u. a. nach diesen Wendungen.

apologize for doing sth	sich dafür entschuldigen, etwas zu tun
be against doing sth	dagegen sein etwas zu tun
be used to doing sth	gewöhnt sein etwas zu tun
be worth doing sth	sich lohnen etwas zu tun
concentrate on doing sth	sich darauf konzentrieren, etwas zu tun
dream of/about doing sth	davon träumen, etwas zu tun

-ing-Form – Infinitiv
Adjektiv / Nomen + Präposition + -ing

E 064

Nach einem Adjektiv oder Nomen + Präposition folgt ein Verb in der -*ing*-Form, nicht im Infinitiv!

I am good / bad at ***remembering*** *names.*
Ich kann mir Namen gut / schlecht merken.
She is afraid of ***being*** *late.*
Sie hat Angst zu spät zu kommen.
He was tired of ***waiting*** *and went home.*
Er hatte das Warten satt und ging nach Hause.

-ing-Form – Infinitiv
would like / love / prefer + *to*-Infinitiv

E 061 ●●

- *I can't <u>afford</u> **to go** on holiday.*
  Ich kann es mir nicht leisten, in Urlaub zu fahren.

- *We <u>decided</u> **to wait**.*
  Wir haben uns entschieden zu warten.

- *Did you <u>manage</u> **to find** a parking space?*
  Haben Sie es geschafft, einen Parkplatz zu finden?

-ing-Form – Infinitiv
Verb + Präposition + *-ing*

E 062 ○●

- *Do you <u>feel like</u> **seeing** a film this evening?*
  Hast du Lust heute Abend einen Film anzuschauen?
- *I have often <u>dreamed of</u> **opening** a restaurant.*
  Ich habe oft davon geträumt, ein Restaurant zu eröffnen.
- *We are <u>used to</u> **getting** up (~~to get up~~) early.*
  Wir sind daran gewöhnt, früh aufzustehen.
- *We're <u>looking forward to</u> **seeing** you.*
  Wir freuen uns darauf, euch zu sehen.

-ing-Form – Infinitiv
Verb + Präposition + *-ing*

E 063 ●●

feel like doing sth	Lust haben etwas zu tun
look forward to doing sth	sich darauf freuen, etw. zu tun
speak about doing sth	davon sprechen, etwas zu tun
talk about doing sth	davon sprechen, etwas zu tun
thank sb for doing sth	jemandem dafür danken, dass er etwas tut
think about / of doing sth	daran denken, etwas zu tun

-ing-Form – Infinitiv
Adjektiv / Nomen + Präposition + *-ing*

E 06

- *I like the <u>idea / thought of</u> **working** from home.*
  Mir gefällt die Idee / der Gedanke von zu Hause au zu arbeiten.
- *He had the <u>habit of</u> **writing** angry letters.*
  Er hatte die Angewohnheit zornige Briefe zu schreiber
- *What are the <u>chances of</u> **finding** a hotel?*
  Wie stehen die Chancen ein Hotel zu finden?
- *What was your <u>reason for</u> **doing** this?*
  Was war der Grund, dass Sie das getan haben?

-ing-Form – Infinitiv
Allein stehende Präposition + *-ing*

E 065

Direkt nach *how/what about, before, after, by, instead of, without* steht ein Verb in der *-ing*-Form.

- *How/What about* ***going*** *to the movies this evening?*
  Wir wäre es, wenn wir heute Abend ins Kino gehen?
- *I always have a shower before* ***going*** *to bed.*
  Ich dusche immer, bevor ich ins Bett gehe.
- *After* ***watching*** *the news, I went out to the pub.*
  Nachdem ich die Nachrichten geschaut hatte, . . .

-ing-Form – Infinitiv
Verb + Objekt + Infinitiv

E 066

Auf *want* und *would like* kann im Englischen kein *that*-Satz folgen! Statt dessen verwenden wir die Konstruktion *want / would like* + Objekt + *to*-Infinitiv.

- *Do you* ***want me to shut*** *the window?*
  Willst du, dass ich das Fenster schließe?
- *I* ***would like you to meet*** *Nick Bailey.*
  Ich möchte, dass Sie Nick Bailey kennen lernen.

-*ing*-Form – Infinitiv
warn, tell, let, make **+ Infinitiv**

E 067

Wenn wir sagen, was jemand nicht tun soll, verwenden wir *warn sb not to do sth* oder *tell sb not to do sth.* *Tell sb to do sth* entspricht „jmd sagen, dass er etwas tun soll". Beachten Sie, dass man nicht *say* benutzt!

- *I* ***warned you not to buy*** *that old car.*
  Ich habe dich davor gewarnt, dieses . . . zu kaufen.
- *We* ***told*** *(~~said~~)* ***them not to wait****.*
  Wir haben ihnen gesagt, dass sie nicht warten sollen.

Indirekte Rede
Zeitverschiebung

E 068

In der indirekten Rede geben wir eine Äußerung (z. B. *"I know the way"*) mit Veränderungen wieder:

1) Wir leiten die indirekte Rede mit einem Verb des Berichtens ein, z. B. *said*.

2) Nach *said* folgt *that* oder auch unmittelbar der Bericht, ohne *that* – und ohne Komma!
You said that you . . . / You said you . . .

-ing-Form – Infinitiv
Allein stehende Präposition + *-ing* E 065

- *You won't find any new friends by* ***staying*** *at home.*
  Du wirst keine neuen Freunde finden, indem du zu Hause bleibst.
- *I phoned instead of* ***sending*** *an e-mail.*
  Ich habe angerufen, anstatt eine E-Mail zu schicken.
- *She left without* ***giving*** *me a kiss.*
  Sie ist gegangen, ohne mir einen Kuss zu geben.

-ing-Form – Infinitiv
Verb + Objekt + Infinitiv E 066

Bei vielen Verben hat die Konstruktion Verb + Objekt + Infinitiv eine direkte Entsprechung im Deutschen.

Ask him to come in.
We ***invited them to come in.***
They ***allowed us to park*** *in their garage.*
I ***advise you to take*** *an umbrella.*

-ing-Form – Infinitiv
warn, tell, let, make **+ Infinitiv** E 067

let und *make* (beide „lassen") verwenden wir mit einem Infinitiv ohne *to*.

- ***Let me come*** *with you.*
  Lass mich mitkommen. [*let* (lassen) = zulassen, erlauben]
- *They* ***made me wait*** *six hours.*
  Sie ließen mich sechs Stunden warten. [*make* (lassen) = zwingen]

Indirekte Rede
Zeitverschiebung E 06

3) Wir verändern die Person, z. B. *"I know the way"* → *You said . . .*

4) Wir verändern die Zeitform des Verbs, z. B. *know* (Gegenwart) → *knew* (Vergangenheit).
   You said that you knew the way.

Wie sich die Zeitformen in der indirekten Rede verändern, erfahren Sie auf der nächsten Karte.

Indirekte Rede
Zeitverschiebung

E 069

1) Gegenwart → Vergangenheit:
   "It's very late." → *Dave said (that) it* ***was*** *very late.*
   "I ***have*** *30 euros."* → *Ann said (that) she* ***had*** *30 euros.*

Auch in verneinten Sätzen mit *don't* und *doesn't* verändern wir die Zeitform (zu *didn't*).

"I ***don't*** *like fish."* → *He said (that) he* ***didn't*** *like fish.*
"It ***doesn't*** *hurt."* → *The man said (that) it* ***didn't*** *hurt.*

Indirekte Rede
Zeitverschiebung

E 070

4) *can* → *could*:
   "I ***can*** *speak Spanish."* → *Steve said he* ***could*** *speak Spanish.*

5) *will* → *would*
   "I'll call back." → *The woman said she* ***would*** *call back.*

Indirekte Rede
said, told und andere Berichtsverben

E 071

Anstelle von *said* können wir meist *told* zur Einleitung der indirekten Rede verwenden. Es gibt aber einen wichtigen Unterschied:
- *said* verwenden wir in der Regel ohne die Person zu nennen, der etwas gesagt wurde.
- *told* verwenden wir nur mit Nennung der Person.

David ***said that*** *(~~said me that~~) he knew Tom Cruise.*
David ***told me that*** *(~~told that~~) he knew Tom Cruise.*

Indirekte Rede
Fragen

E 072

Fragen geben wir in der indirekten Rede mit *ask if / whether* (= „ob") oder mit *ask* + Fragewort wieder. (Nach *ask* steht kein Komma!) Die Zeiten werden „verschoben".

"Is Peter ill?" → *Laura asked if / whether Peter* ***was*** *ill.*
"Can I help?" → *Ben asked if / whether he* ***could*** *help.*
*"****Have*** *you* ***met*** *Frank?"* → *David asked if / whether I* ***had met*** *Frank.*

Indirekte Rede
Zeitverschiebung

E 069

2) Verlaufsform der Gegenwart → Verlaufsform der Vergangenheit:
*"We're **having** our supper." → Sheila said they **were having** their supper.*

3) Present Perfect → Past Perfect:
*"Ann **has won** first prize." → Brian said that Ann **had won** first prize.*

Indirekte Rede
Zeitverschiebung

E 070

6) Eine Vergangenheitsform kann – muss aber meist nicht – in das Past Perfect verschoben werden.
*"I **phoned** you." → Ron said he **phoned / had phoned** me.*

7) *would, could, might* und *should* bleiben unverändert.
*"It **would / could / might** rain." → They said it **would / could / might** rain.*

Indirekte Rede
said, told und andere Berichtsverben

E 071

Auch mit vielen anderen Verben können wir die indirekte Rede einleiten.

John denkt: *"I've spent too much." → John **thought** (that) he **had spent** too much.*
Peter hofft: *"Perhaps I'll see Jodie." → Peter **hoped** (that) he **would see** Jodie.*
Jim beschwert sich: *"You're late." → Jim **complained** (that) I **was** late.*

Indirekte Rede
Fragen

E 07

Eine Umschreibung mit *do / does / did* verwenden wi in indirekten Fragen nicht.

*"**Do** you **know** Eileen?" → Tom asked me if / whether I **knew** Eileen.*
*"What **does** it **cost**?" → The customer asked what it **cost**.*
*"**Did** you **win**?" → My friends all asked me if / wheth I **had won**.*

Indirekte Rede
Fragen

E 073 ●●

Beachten Sie die Satzstellung.

*"When **is** your birthday?"*
→ *Laura asked me when my birthday **was**.*
(~~. . . asked me when was my birthday.~~)

*"How expensive **was** the hotel?"*
→ *They asked me how expensive the hotel **was**.*
(~~. . . asked me how expensive was the hotel.~~)

if-Sätze
if* – *when

E 074 ○●

if entspricht „wenn" im Sinne von „falls". *when* entspricht „wenn" im zeitlichen Sinne („dann, wann").

- ***If** you want, I can drive you home.*
  Wenn (Falls) du willst, kann ich dich heimfahren.
- ***When** the exam is finished, I'll feel better.*
  Wenn die Prüfung vorbei ist, werde ich mich besser fühlen.

if-Sätze
if* – *when

E 075 ●●

if und *when* können am Satzanfang oder in der Satzmitte stehen. Stehen sie am Satzanfang, setzen wir meist ein Komma.

***If** Peter phones, please tell me.*
*Please tell me **if** Peter phones.*

if-Sätze
***if*-Sätze Typ 1**

E 076 ○●

In einem Bedingungssatz sagen wir, was unter bestimmten Umständen geschehen wird. Ein Bedingungssatz besteht aus einem *if*-Teil (die Bedingung) und einem Ergebnis-Teil (die Folge).

Wenn wir von Bedingungen sprechen, die vorstellbar, wahrscheinlich oder fast schon Tatsache sind, verwenden wir im *if*-Teil die einfache Gegenwart, für die Folge *will / won't*.

Indirekte Rede
Fragen

E 073 ●●

Die Wiedergabe von Bitten, Aufforderungen und Befehlen in der indirekten Rede erfolgt mit *ask / tell sb to do sth*.

"Please help me." → *He* ***asked me to*** *help him.*
"Don't wait for me." → *He* ***told me not to*** *wait for him.*

if-Sätze
if – when

E 074 ○●

In der Bedeutung „jedes Mal, wenn", „immer, wenn" können wir wahlweise *if* oder *when* verwenden.

- ***If / When*** *we win a match, I feel good.*
  Wenn wir ein Spiel gewinnen, fühle ich mich gut.

- ***If / When*** *the weather's bad, the journey takes longer.*
  Wenn das Wetter schlecht ist, dauert die Reise länger.

if-Sätze
if – when

E 075 ●●

Beachten Sie die Verbformen in Sätzen mit *when*.

when = „dann, wann"
When Lisa ***comes****, we****'ll start*** (~~*we start*~~) *this meeting.*
[einfache Gegenwart – *will*-Zukunft]

when = „immer wenn"
When we ***win****, I* ***feel*** *happy.*
[einfache Gegenwart in beiden Satzhälften]

if-Sätze
***if*-Sätze Typ 1**

E 07 ○

- *If you* ***wait****, I****'ll show*** *you the way.*
  Wenn du wartest, zeige ich dir den Weg.
- *If it* ***snows****, we* ***won't go****.*
  Wenn es schneit, fahren wir nicht.
- *If you* ***don't mind****, I****'ll answer*** *that question later.*
  Wenn Sie nichts dagegen haben, beantworte ich diese Frage später.
- *If they* ***don't agree****, what* ***will*** *you* ***do****?*
  Wenn sie nicht einverstanden sind, was wirst du tur

if-Sätze
if-Sätze Typ 1

E 077 ●●

Im Folge-Teil kann auch *can / must / might* oder die Befehlsform stehen.

- *If he **phones**, you **can / must / might** find out the address.*
  Wenn er anruft, kannst / musst / könntest du die Adresse herausfinden.
- *If he **phones**, **ask** him for the address.*
  Wenn er anruft, frag ihn nach der Adresse.

if-Sätze
if-Sätze Typ 2

E 078 ○●

Wenn wir von Bedingungen sprechen, die unwahrscheinlich oder unmöglich oder reine Spekulation sind, verwenden wir im *if*-Teil die einfache Vergangenheit (für etwas Gegenwärtiges oder Zukünftiges), für die Folge *would*. (Die Kurzform von *would* ist *'d*.)

if-Sätze
if-Sätze Typ 2

E 079 ●●

Im Folge-Teil kann auch *could* oder *might* stehen.

*If you **spoke** French, you **could** translate this letter for me.*
Wenn du Französisch sprechen würdest, könntest du mir diesen Brief übersetzen.
[Aber du kannst ja kein Französisch.]

Relativsätze
who – which – that

E 080

Mit einem Relativpronomen leiten wir einen Relativsatz ein. Mit einem Relativsatz bestimmen wir eine Person oder Sache näher und sagen, welche Person oder Sache wir genau meinen.

Bei Personen verwenden wir *who*. Bei Sachen verwenden wir *which*. Anstelle von *which* können wir auch *that* verwenden. *that* ist auch bei Personen möglich, *who* ist aber gebräuchlicher.

if-Sätze
if-Sätze Typ 1

E 077
●●

Im *if*-Teil kann *will* nicht stehen – nur in der Folge!

- *If the boss* ***finds out*** *(~~will find out~~), he* ***will be*** *very angry.*
  Wenn der Chef es herausfindet, wird er sehr böse sein.
- *If you* ***are*** *late (~~will be late~~), we* ***will*** *wait.*
  Wenn du dich verspätest, werden wir warten.

if-Sätze
if-Sätze Typ 2

E 078
○●

- *If I* ***won*** *$1 million, I* ***would stop*** *working.*
  Wenn ich 1 Million $ gewinnen würde, würde ich aufhören zu arbeiten.
  [Aber es ist unwahrscheinlich, dass ich jemals eine Million gewinnen werde.]
- *If it* ***didn't cost*** *so much, I'****d*** *probably* ***buy*** *it.*
  Wenn es nicht so viel kosten würde, würde ich es wahrscheinlich kaufen.
  [Aber es kostet zu viel, ist zu teuer.]

if-Sätze
if-Sätze Typ 2

E 079
●●

Im *if*-Teil kann *would* nicht stehen – nur in der Folge!

If you ***loved*** *(~~would love~~) me, you* ***wouldn't*** *say that.*
Wenn du mich lieben würdest, würdest du das nicht sagen.
[Aber du liebst mich nicht.]

Relativsätze
who – which – that

E 08

They have a daughter ***who*** *is a model.*
The man ***who*** *wrote this is an expert.*
Do you know the people ***who*** *have bought number 77?*
A chef is someone ***who*** *cooks in a restaurant or hotel.*
There is one photo ***which*** *shows the whole lake.*
It's the film ***which*** *won all the Oscars.*
I need something ***that*** *will keep me warm.*

Relativsätze
Kontaktkonstruktion **E 081**

Ist ein Relativpronomen Objekt im Relativsatz, so können wir es weglassen. Wir erkennen, dass ein Relativpronomen Objekt ist, wenn zwischen Relativpronomen und Verb des Relativsatzes ein anderes Pronomen (z. B. *I*) oder ein Nomen (z. B. *Tony*) steht.

Relativsätze
Relativsätze mit Präposition **E 082**

Die Präposition (*with*) in folgendem Relativsatz steht dort, wo sie auch sonst in einem Aussagesatz stehen würde – hinter dem Verb (und dessen Ergänzungen).

*That is the woman. I saw Ed **with** the woman.*
*She's the woman (who / that) I saw Ed **with**.*
Das ist die Frau, mit der ich Ed gesehen habe.

Artikel und Nomen
Bestimmter und unbestimmter Artikel **E 083**

Vor einem Konsonanten heißt der bestimmte Artikel *the* [ðə], vor einem Vokal *the* [ðɪ].

Vor einem gesprochenen Konsonanten heißt der unbestimmte Artikel *a*, vor einem gesprochenen Vokal *an*. Entscheidend ist dabei nicht die Schreibweise, sondern die Aussprache des nachfolgenden Wortes:
***a** book, **a** train, **a** university, **a** unit, **a** UN official*
***an** apple, **an** old man, **an** honest man, **an** hour, **an** MP.*

Artikel und Nomen
Genitiv **E 084**

Um Besitz oder Zugehörigkeit anzuzeigen, hängen wir bei Personen **'s** an ein Singularnomen und **'** an ein Pluralnomen.

*my father**'s** car – my parents**'** car*
das Auto von meinem Vater / meinen Eltern
*our friend**'s** flat – our friends**'** flat*
die Wohnung unseres Freundes / unserer Freunde

Relativsätze
Kontaktkonstruktion — E 081

- *There's the man* ***(who / that)*** *I saw on the train this morning. [I saw him on the train . . .]*
  . . . den ich heute Morgen im Zug gesehen habe.
- *She is the woman* ***(who / that)*** *he met on holiday. [He met the woman . . .]*
  . . . die er in Urlaub kennen gelernt hat.
- *Where is the chocolate* ***(which / that)*** *I bought yesterday? [I bought the chocolate . . .]*
  . . . die ich gestern gekauft habe.

Relativsätze
Relativsätze mit Präposition — E 082

Auch in den Relativsätzen mit Präpositionen können wir das Relativpronomen weglassen:

How much is the model? I <u>*am looking* ***at***</u> *the model.*
How much is the model (which / that) <u>*I am looking* ***at***</u>*?*
Was kostet das Modell, das ich mir jetzt gerade anschaue?

Artikel und Nomen
Bestimmter und unbestimmter Artikel — E 083

Der unbestimmte Artikel kann nicht vor Nomen stehen, die nicht zählbar sind.
What (~~an~~) awful weather!
He gave me some (~~an~~) important information.
Aber: *He gave me an important piece of information.*

Im Englischen nicht zählbar sind z. B.:
advice, bread, hair, help, homework, information, progress, work.

Artikel und Nomen
Genitiv — E 084

Bei Sachen verwenden wir meist *of*.

- *the name* ***of*** *this road*
  der Name dieser Straße
- *the capital* ***of*** *Germany*
  die Hauptstadt Deutschlands

Artikel und Nomen
Pluralbildung

E 085

Die Mehrzahl bilden wir meist mit *s*.
*one book, two book**s** – one taxi, two taxi**s***

Nach einem Zischlaut hängen wir *-es* an.
*one kiss, two kiss**es** – one church, two church**es***

Sonderformen:
*one man / woman / child, two **men / women / children***
*one foot / tooth / sheep, two **feet / teeth / sheep***

Pronomen
***self*-Reflexivpronomen**

E 086

Im Rückbezug auf die gleiche Person verwenden wir im Englischen das *-self*-Reflexivpronomen.
Im Singular endet das Pronomen auf *-self*. Im Plural endet es auf *-selves*.

I	*myself*	*we*	*ourselves*
you	*yourself*	*you*	*yourselves*
he	*himself*		
she	*herself*	*they*	*themselves*
it	*itself*		

Pronomen
***self*-Reflexivpronomen**

E 087

Im Deutschen können wir „sich" auch im Sinne von ‚einander", „sich gegenseitig" gebrauchen. Im Eng- ischen verwenden wir in dieser Bedeutung *each other* oder *one another*).

- *They know **each other**.*
  Sie kennen sich [gegenseitig].
- *We gave **each other** a mobile.*
  Wir haben uns gegenseitig ein Handy geschenkt.

ronomen
***elf*-Reflexivpronomen**

E 088

eutsche Reflexivverben entsprechen nicht immer eflexivverben im Englischen.

ie treffen sich jeden Montag.	*They **meet** every Monday.*
as Wetter ändert sich.	*The weather **is changing**.*
ir können uns nicht konzentrieren.	*We can't **concentrate**.*
h kann es mir nicht vorstellen.	*I can't **imagine** it.*

Aritkel und Nomen
Pluralbildung

E 085

Nicht zählbare Nomen haben keine Pluralform. Im Englischen nicht zählbar sind z. B.: *advice, bread, hair, help, homework, information, progress, work.*

I need some information (~~informations~~).
We had a lot of damage (~~damages~~) after the storm.
How much homework (~~many homeworks~~) is there?
We've made a lot of progress (~~progresses~~).

Pronomen
self-Reflexivpronomen

E 086

*May I introduce **myself**?*	Darf ich mich vorstellen?
*I said to **myself**: now or never.*	Ich sagte mir: jetzt oder nie.
*Lisa has hurt **herself**.*	Lisa hat sich verletzt.
*They have locked **themselves** in.*	Sie haben sich eingeschlossen.

Deutsch „sich" kann *himself, herself, itself, themselves* oder *yourself / yourselves* entsprechen.

Pronomen
self-Reflexivpronomen

E 087

Das *-self*-Reflexivpronomen verwenden wir auch in der Bedeutung „selbst / selber".

- *He built the chair **himself**.*
  Er hat den Stuhl selbst gebaut.
- *They designed the house **themselves**.*
  Sie haben das Haus selbst entworfen.

Pronomen
self-Reflexivpronomen

E 08

Deutsche Reflexivverben entsprechen nicht immer Reflexivverben im Englischen.

argue	sich streiten
change	sich (ver)ändern / umziehen
complain	sich beschweren
concentrate	sich konzentrieren
decide	sich entscheiden
fall in love	sich verlieben

Pronomen
self-Reflexivpronomen

E 089

Deutsche Reflexivverben entsprechen nicht immer Reflexivverben im Englischen.

feel	sich fühlen
get divorced	sich scheiden lassen
hurry	sich beeilen
imagine	sich vorstellen
lie down	sich hinlegen

Pronomen
Personal- und Possessivpronomen

E 090

Subjektpronomen	Objektpronomen
I *need help.*	*Please help* ***me****.*
You *need help.*	*I'll help* ***you****.*
He *needs help.*	*I'll help* ***him****.*
She *needs help.*	*I'll help* ***her****.*
It *needs help.*	*I'll help* ***it****.*
We *need help.*	*Please help* ***us****.*
You *need help.*	*I'll help* ***you****.*
They *need help.*	*I'll help* ***them****.*

ronomen
ndefinite Pronomen *some* und *any*

E 091

ome verwenden wir in bejahten, d. h. positiven Sätzen; *ot . . . any* in verneinten Sätzen. *some* bedeutet etwas / einige", wird aber im Deutschen oft nicht bersetzt. *not . . . any* entspricht „kein(e)".

We have ***some*** *whisky. We do****n't*** *have* ***any*** *gin.*
Wir haben (etwas) Whisky. Wir haben keinen Gin.
I have ***some*** *euros. I do****n't*** *have* ***any*** *dollars.*
Ich habe (einige) Euro. Ich habe keine Dollar.

dverb und Adjektiv
egelmäßige Bildung des Adverbs

E 092

it einem Adjektiv beschreiben wir eine Person oder ache und sagen, wie die Person/Sache ist. Ein djektiv verwenden wir vor einem Nomen (Satz 1) der nach einer Form des Verbs *be* (Satz 2).

I saw a ***beautiful*** *sunset last week.*
Ich sah . . . einen schönen Sonnenuntergang.
The sunset was ***beautiful****.*
Der Sonnenuntergang war schön.

Pronomen
self-Reflexivpronomen

E 089
●●●●

Deutsche Reflexivverben entsprechen nicht immer Reflexivverben im Englischen.

meet	sich treffen (mit)
remember	sich erinnern
sit down	sich setzen
wonder	sich wundern/fragen
worry	sich Sorgen machen

Pronomen
Personal- und Possessivpronomen

E 090

Possessivpr. vor Nomen	alleinstehend
my *car*	*it's* ***mine***
your *car*	*it's* ***yours***
his *car*	*it's* ***his***
her *car*	*it's* ***hers***
its *car*	
our *car*	*it's* ***ours***
your *car*	*it's* ***yours***
their *car*	*it's* ***theirs***

Pronomen
Indefinite Pronomen *some* und *any*

E 091

In Fragen verwenden wir meist *any*. Wir gebrauchen jedoch *some* in Bitten und Angeboten.

Can you give me ***any*** *information /* ***any*** *details?*
Bitte: *Can I have* ***some*** *milk, please?*
Angebot: *Shall I make* ***some*** *tea?* (Soll ich [etwas] Tee kochen?)

Adverb und Adjektiv
Regelmäßige Bildung des Adverbs

E 09
○

Mit einem Adverb sagen wir, wie etwas gemacht wird. Wir bestimmen ein Verb näher.

- *They are dancing* ***beautifully****.*
  Sie tanzen schön.
- *The orchestra is playing* ***beautifully****.*
  Das Orchester spielt schön.

Adverb und Adjektiv
Regelmäßige Bildung des Adverbs

E 093 ●●

Adjektiv und Adverb haben im Englischen (bis auf wenige Ausnahmen) eine unterschiedliche Form. Adverbien leitet man vom Adjektiv ab, indem man die Endung *-ly* anhängt.

- *Janet is **careful**. She works **carefully**.*
  Janet ist sorgfältig. Sie arbeitet sorgfältig.
- *Janet is **nice**. She asked me so **nicely**.*
  Janet ist nett. Sie bat mich so nett.

Adverb und Adjektiv
Unregelmäßige Bildung des Adverbs

E 094 ○●

Nicht alle Adverbien werden durch Anhängen von *-ly* gebildet. Einige haben besondere Formen.

Zu dem Adjektiv *good* gehört das Adverb *well*.

*John is a **good** cook. He cooks **well**.*
John ist ein guter Koch. Er kocht gut.

Adverb und Adjektiv
Unregelmäßige Bildung des Adverbs

E 095 ●●

Folgende Adverbienpaare nicht verwechseln:

late (spät) – *lately* (in letzter Zeit)
*Ed got up **late**. He has done that often **lately**.*
Ed stand spät auf. Das hat er in letzter Zeit oft getan.

hard (hart, schwer) – *hardly* (kaum)
*I worked **hard**. I **hardly** had time for lunch.*
Ich habe hart gearbeitet. Ich hatte kaum Zeit für das Mittagessen.

Adverb und Adjektiv
Komparativ des Adjektivs

E 096 ○●

Wir bilden den Komparativ auf verschiedene Weise.

) Kurze Adjektive (eine Silbe) → *-er* anhängen:
*cheap – cheap**er** slow – slow**er** nice – nic**er**.*
Der Endkonsonant wird verdoppelt bei z. B.:
*big – bi**gger** fat – fa**tter** hot – ho**tter** thin – thi**nner**.*

Zweisilbige Adjektive auf *-y* → *-er* anhängen, *y* → *i*:
*easy – eas**ier** funny – funn**ier** early – earl**ier**.*

Adverb und Adjektiv
Regelmäßige Bildung des Adverbs

E 093 ●●

Schreibbesonderheiten der *-ly*-Endung:

Adjektiv auf . . .	→ Adverb
– Konsonant + *y*	→ Konsonant + *ily*: *easy* → *eas**ily***
– Endung *-le*	→ *-ly* (*possible* → *possib**ly***)
– Endung *-ic*	→ *-ically* (*automatic* → *automat**ically***)

Adverb und Adjektiv
Unregelmäßige Bildung des Adverbs

E 094 ○●

Ein paar Adverbien sind formgleich mit dem Adjektiv.

*The **early** train is never full, so I travel **early**.* [Frühzug . . . früh]
*Peter is a **fast** driver. He drives **fast**.* [schneller Fahrer . . . schnell]
*It was a **late** flight. I arrived **late**.* [später Flug . . . spät]
*Ron is a **hard** worker. He works **hard**.* [fleißiger Mitarbeiter . . . fleißig]

Adverb und Adjektiv
Unregelmäßige Bildung des Adverbs

E 095 ●●

Ein Adverb kann sich auch auf ein Adjektiv oder ein anderes Adverb beziehen.

- *The new model is **extremely** expensive.*
  Das neue Modell ist extrem teuer.
- *It's **unusually** warm today.*
  Es ist heute ungewöhnlich warm.
- *Peter works **awfully** slowly.*
  Peter arbeitet furchtbar langsam.

Adverb und Adjektiv
Komparativ des Adjektivs

E 09 ○

3) Andere zwei- sowie drei- und mehrsilbige Adjektive → *more* voranstellen:
   *interesting – **more** interesting*
   *exciting – **more** exciting.*

4) Unregelmäßige Formen: *good – better bad – worse*
   *Today's test was **worse**, not **better**.* (Der heutige Test war schlimmer, nicht besser.)

Adverb und Adjektiv
Komparativ des Adjektivs

E 097 ●●

Vergleiche drücken wir mit *than* (nicht mit ~~*as*~~) aus.

- *Dave is 28, Janet is 30. Dave is* ***younger than*** *Janet.*
  . . . Dave ist jünger als Janet.
- *The train is* ***cheaper than*** *the plane.*
  Der Zug ist billiger als das Flugzeug.
- *The film is* ***more exciting than*** *the book.*
  Der Film ist aufregender als das Buch.

Adverb und Adjektiv
Superlativ des Adjektivs

E 098

Die Superlativform von Adjektiven (z.B. das größte ..., das schönste ...), bilden wir auf folgende Weise.

1) Adjektive, die den Komparativ mit *-er* bilden → *-est* anhängen:
old, older, ***(the) oldest*** *easy, easier,* ***(the) easiest***
Der Endkonsonant wird verdoppelt bei z. B.:
big, bigger, ***(the) biggest*** *hot, hotter,* ***(the) hottest***

Präpositionen
Präpositionen der Zeit

E 099

- Uhrzeit: ***at*** *6 o'clock,* ***at*** *half past three,* ***at*** *midnight*
- Mahlzeiten: ***at*** *breakfast,* ***at*** *lunchtime*
- Wochentage: ***on*** *Monday (morning)*
- Datum: ***on*** *1st January,* ***on*** *Wednesday 6th June*
- Tageszeit: ***in*** *the morning / afternoon / evening*
- Nachtzeit: ***at*** *night,* ***at*** *sunset* (bei Sonnenuntergang)
- Wochenende: ***at*** (US auch: *on*) *the weekend*
- „Zeitwörter": ***at*** *the moment,* ***at*** *my age,* ***at*** *the beginning / end*

Präpositionen
Präpositionen des Ortes

E 100

Einrichtungen, in denen man etwas Bestimmtes verrichtet: ***at*** *the airport,* ***at*** *the station,* ***at*** *the supermarket,* ***at*** *the cinema,* ***at*** *the theatre,* ***at*** *the office,* ***at*** *the doctor's,* ***at*** *school,* ***at*** *work*

„direkt neben" / „direkt vor": ***at*** *the door,* ***at*** *the window,* ***at*** *the table,* ***at*** *the computer,* ***at*** *the bus stop,* ***at*** *the traffic lights,* ***at*** *the exit*

Adverb und Adjektiv
Komparativ des Adjektivs

E 097 ●●

Wenn in einem Vergleich zwei Personen oder Dinge gleichwertig sind, verwenden wir die Grundform des Adjektivs mit *as . . . as*.
Tony is 28, Ann is 28. Tony is ***as old as*** *Ann.*
Sarah is 26. Tony is 28. Sarah ***isn't as old as*** *Tony.*

Auch nach *the same* („der/die/das gleiche", „der-/die-/dasselbe") verwenden wir *as*.
I like ***the same*** *things* ***as*** *Sarah.*

Adverb und Adjektiv
Superlativ des Adjektivs

E 098

2) Adjektive, die den Komparativ mit *more* bilden → *most* voranstellen:
interesting, more interesting, ***(the) most*** *interesting*

3) unregelmäßige Formen:
good, better, ***(the) best*** *bad, worse,* ***(the) worst***

Präpositionen
Präpositionen der Zeit

E 099

Feste: *at* (= zum Fest) und *on* (= an einem ganz bestimmten Festtag): ***at*** *Christmas / Easter / New Year*
on *Christmas Day / Easter Sunday / New Year's Day.*

Bei *this / that, next* und *last* keine Präposition!
an diesem / am letzten Montag = ***this / last*** *Monday.*

Jahreszahlen dagegen immer mit Präposition:
He died ***in*** *1999.*

Präpositionen
Präpositionen des Ortes

E 10

- Veranstaltungen: ***at*** *a meeting,* ***at*** *a party*
- Adresse, Zuhause: ***at*** *home,* ***at*** *Jane's (house)*
- auf einer Fläche (auch einer vertikalen!): ***on*** *the wall,* ***on*** *the door,* ***on*** *the beach,* ***on*** *the first floor*
- Kommunikationsmittel: ***on*** *the phone,* ***on*** *the interne*

Beachten Sie die folgenden Ausdrücke:
- ***go to*** *school / bed / the cinema/theatre / a concert*
- ***in*** *the country, in a photo / picture, in the world*

Zeitformen der Gegenwart
he / she / it + -s

E 101

Welche Form ist richtig?

1) David . . . red wine.
   ■ like ■ likes

2) Karin and I . . . work at 6.
   ■ finish ■ finishes

3) Angela . . . squash.
   ■ play ■ plays

Zeitformen der Gegenwart
he / she / it + -s

E 102

Ergänzen Sie die -*s*-Form des Verbs.

1) My neighbour . . . his car every week. (*wash*)

2) Angela . . . a dog and two cats. (*have*)

3) She . . . a Mini. (*drive*)

Zeitformen der Gegenwart
he / she / it + -s

E 103

Ergänzen Sie die richtige Form des Verbs.

1) The shops . . . (*open*) at 9.30 in the morning.

2) My train . . . (*leave*) here at 7.30.

3) It . . . (*arrive*) in Munich thirty minutes later.

4) We . . . (*know*) a lot of people through our children.

Zeitformen der Gegenwart
he / she / it + -s

E 104

Ergänzen Sie die richtige Form des Verbs.

) My colleague . . . (*smoke*) in the office.

) I . . . (*hate*) people who do that.

) The children . . . (*watch*) too much TV.

) My partner . . . (*go*) to the sauna every Tuesday.

Zeitformen der Gegenwart

E 101

he / she / it + -s

1) David *likes* red wine.

2) Karin and I *finish* work at 6.

3) Angela *plays* squash.

Zeitformen der Gegenwart

E 102

he / she / it + -s

1) My neighbour *washes* his car every week.

2) Angela *has* a dog and two cats.

3) She *drives* a Mini.

Zeitformen der Gegenwart

E 103

he / she / it + -s

1) The shops *open* at 9.30 in the morning.

2) My train *leaves* here at 7.30.

3) It *arrives* in Munich thirty minutes later.

4) We *know* a lot of people through our children.

Zeitformen der Gegenwart

E 104

he / she / it + -s

1) My colleague *smokes* in the office.

2) I *hate* people who do that.

3) The children *watch* too much TV.

4) My partner *goes* to the sauna every Tuesday.

Zeitformen der Gegenwart
he / she / it + -s

E 105

Übersetzen Sie das Verb ins Englische und setzen Sie es in die richtige Form.

1) Don . . . (*studiert*) Wall Street trends on the internet.

2) Helen . . . (*versucht*) to keep fit.

3) She . . . (*tut*) her best to keep fit.

Zeitformen der Gegenwart
Verneinung mit *don't / doesn't*

E 106

Welche Form ist richtig?

1) My colleagues . . . .
   ■ don't smoke ■ doesn't smoke.

2) David . . . French.
   ■ don't speak ■ doesn't speak

3) I . . . fish
   ■ don't eat ■ eat not

Zeitformen der Gegenwart
Verneinung mit *don't / doesn't*

E 107

Bilden Sie verneinte Sätze wie im Beispiel.
I drink coffee. (*tea*) → I don't drink tea.

1) We go out at the weekend. (*in the week*)

2) My husband speaks Italian. (*Spanish*)

3) It costs $40. (*$50*)

Zeitformen der Gegenwart
Verneinung mit *don't / doesn't*

E 108

Ergänzen Sie die richtige Form des Verbs.

1) I . . . (*not drink*) when I . . . (*drive*). It's too risky.

2) My son . . . (*say*) that he . . . (*not want*) to study.

3) We . . . (*not see*) much of our neighbours.

Zeitformen der Gegenwart
he / she / it + -s

E 105

1) Don *studies* Wall Street trends on the internet.

2) Helen *tries* to keep fit.

3) She *does* her best to keep fit.

Zeitformen der Gegenwart
Verneinung mit *don't / doesn't*

E 106

1) My colleagues *don't smoke*.

2) David *doesn't speak* French.

3) I *don't eat* fish.

Zeitformen der Gegenwart
Verneinung mit *don't / doesn't*

E 107

1) We don't go out in the week.

2) My husband doesn't speak Spanish.

3) It doesn't cost $50.

Zeitformen der Gegenwart
Verneinung mit *don't / doesn't*

E 10

1) I *don't drink* when I *drive*. It's too risky.

2) My son *says* that he *doesn't want* to study.

3) We *don't see* much of our neighbours.

Zeitformen der Gegenwart
Verneinung mit *don't / doesn't* **E 109**

Ergänzen Sie die richtige Form des Verbs.

1) They . . . (*not take*) credit cards.

2) I . . . (*not think*) I have enough cash. Can you help?

3) The brochure . . . (*not say*) how much this . . . (*cost*).

Zeitformen der Gegenwart
Verneinung mit *don't / doesn't* **E 110**

Übersetzen Sie das Verb ins Englische und setzen Sie es in die richtige Form.

1) Mary . . . (*spricht nicht*) much German.

2) Ann . . . (*hat*) two children. She . . . (*arbeitet nicht*).

3) Ed . . . (*spielt nicht*) tennis. He . . . (*schaut*) it on TV.

Zeitformen der Gegenwart
Verneinung mit *don't / doesn't* **E 111**

Übersetzen Sie das Verb ins Englische und setzen Sie es in die richtige Form.

1) Normally I . . . (*arbeite nicht*) at weekends.

2) Our children . . . (*wollen nicht*) to come with us.

3) I . . . (*schreibe*) e-mails, but I . . . (*surfe nicht*) much.

Zeitformen der Gegenwart
Einfache Gegenwart mit *always, often* usw. **E 112**

Welcher Satz ist richtig?

1) The train never arrives on time. ■
The train arrives never on time. ■
2) Karin swims every morning 500m. ■
Karin swims 500m every morning. ■
3) We sometimes watch TV in bed. ■
We watch sometimes TV in bed. ■

Zeitformen der Gegenwart
Verneinung mit *don't / doesn't*

E 109

1) They *don't take* credit cards.

2) I *don't think* I have enough cash. Can you help?

3) The brochure *doesn't say* how much this *costs*.

Zeitformen der Gegenwart
Verneinung mit *don't / doesn't*

E 110

1) Mary *doesn't speak* much German.

2) Ann *has* two children. She *doesn't work*.

3) Ed *doesn't play* tennis. He *watches* it on TV.

Zeitformen der Gegenwart
Verneinung mit *don't / doesn't*

E 111

1) Normally I *don't work* at weekends.

2) Our children *don't want* to come with us.

3) I *write* e-mails, but I *don't surf* much.

Zeitformen der Gegenwart
Einfache Gegenwart mit *always*, *often* usw.

E 11

1) The train never arrives on time.

2) Karin swims 500m every morning.

3) We sometimes watch TV in bed.

Zeitformen der Gegenwart

Einfache Gegenwart mit *always, often* usw. E 113

Setzen Sie die Angabe in Klammern an der richtigen Stelle ein.

1) I cook for friends on Sunday. (*often*)

2) It snows a lot here. (*never*)

3) They don't have a holiday. (*every year*)

Zeitformen der Gegenwart

Einfache Gegenwart mit *always, often* usw. E 114

Bilden Sie Sätze wie im Beispiel.
always / I / eat / in the canteen
I always eat in the canteen.

1) never / I / very fast / drive

2) he / a glass of red wine / every day / drinks

3) don't / we / a paper / always / buy

Zeitformen der Gegenwart

Einfache Gegenwart mit *always, often* usw. E 115

Bilden Sie Sätze wie im Beispiel.
never / I / coffee / drink
I never drink coffee.

1) me / my daughter / sometimes / helps

2) start / the car / doesn't / first time / always

3) washes / every Saturday / Dave / his car

Zeitformen der Gegenwart

Einfache Gegenwart mit *always, often* usw. E 116

Übersetzen Sie.

1) Ich übernachte (*stay*) nicht oft in Hotels.

2) Meine Kollegin geht oft ins Kino.

3) Mittags (*For lunch*) essen wir meistens Salat.

Zeitformen der Gegenwart
E 113
Einfache Gegenwart mit *always, often* usw.

1) I *often* cook for friends on Sunday.

2) It *never* snows a lot here.

3) They don't have a holiday *every year*.

Zeitformen der Gegenwart
E 114
Einfache Gegenwart mit *always, often* usw.

1) I never drive very fast.

2) He drinks a glass of red wine every day.

3) We don't always buy a paper.

Zeitformen der Gegenwart
E 115
Einfache Gegenwart mit *always, often* usw.

1) My daughter sometimes helps me.

2) The car doesn't always start first time.

3) Dave washes his car every Saturday.

Zeitformen der Gegenwart
E 11
Einfache Gegenwart mit *always, often* usw.

1) I don't often stay in hotels.

2) My colleague often goes to the cinema.

3) For lunch we usually eat / have salad.

Zeitformen der Gegenwart
wh-Fragen mit *do / does*

E 117

Ergänzen Sie *do* oder *does*.

1) When . . . the film start?

2) How . . . I find out her name?

3) Where . . . you write the address?

4) How much . . . it cost?

Zeitformen der Gegenwart
wh-Fragen mit *do / does*

E 118

Ergänzen Sie *do* oder *does*.

1) What . . . this word mean?

2) How often . . . you meet?

3) Why . . . he never say hello?

4) Where . . . she play tennis?

Zeitformen der Gegenwart
wh-Fragen mit *do / does*

E 119

Bilden Sie Fragen mit . . . *do you* . . . wie im Beispiel.

ow . . . fit? (*keep*) → How do you keep fit?

) Where . . . ? (*live*) – Not far from the airport.

) What . . . ? (*do*) I'm a technician.

) Where . . . on holiday? (*go*) – Usually to Ireland.

eitformen der Gegenwart
h-Fragen mit *do / does*

E 120

ilden Sie Fragen mit . . . *do you* . . . wie im eispiel.

hen . . . ? (*get up*) → When do you get up?

How . . . to work? (*travel*) – By bus.

How long . . . ? (*work*) – Often ten hours a day.

What . . . after work? (*do*) – Not much. I'm too tired.

Zeitformen der Gegenwart
wh-Fragen mit *do / does*

E 117

1) When *does* the film start?

2) How *do* I find out her name?

3) Where *do* you write the address?

4) How much *does* it cost?

Zeitformen der Gegenwart
wh-Fragen mit *do / does*

E 118

1) What *does* this word mean?

2) How often *do* you meet?

3) Why *does* he never say hello?

4) Where *does* she play tennis?

Zeitformen der Gegenwart
wh-Fragen mit *do / does*

E 119

1) Where *do you live*? – Not far from the airport.

2) What *do you do*? – I'm a technician.

3) Where *do you go* on holiday? – Usually to Ireland.

Zeitformen der Gegenwart
wh-Fragen mit *do / does*

E 12

1) How *do you travel* to work? – By bus.

2) How long *do you work*? – Often ten hours a day.

3) What *do you do* after work? – Not much. I'm too tired.

Zeitformen der Gegenwart
wh-Fragen mit *do / does*

E 121

Ergänzen Sie Fragen mit *What kind of …* (Was für … ?) wie im Beispiel.

Ann likes music. → What kind of music does she like?

1) David drives a foreign car.

2) My neighbours have a dog.

3) I write books.

Zeitformen der Gegenwart
wh-Fragen mit *do / does*

E 122

Übersetzen Sie.

1) Was bedeutet dieses Wort?

2) Wie oft trainieren Sie?

3) Wo wohnen Ihre Eltern?

4) Wann stehen Sie auf?

Zeitformen der Gegenwart
Fragen und Kurzantworten mit *do / does*

E 123

Ergänzen Sie *do, don't, does* oder *doesn't*.

1) . . . you need help? – Yes, I . . . .

2) . . . the train stop in Risborough? – No, it . . . .

3) . . . your friends speak Spanish? – No, they . . . .

Zeitformen der Gegenwart
Fragen und Kurzantworten mit *do / does*

E 124

Ergänzen Sie *do, don't, does* oder *doesn't*.

1) . . . Tony do any sport? – No, he . . . .

2) . . . the boss know? – Yes, she . . . .

3) . . . Ann eat meat? – No, she . . . .

Zeitformen der Gegenwart
wh-Fragen mit *do / does*

E 121

1) What kind of foreign car does he drive?

2) What kind of dog do they have?

3) What kind of books do you write?

Zeitformen der Gegenwart
wh-Fragen mit *do / does*

E 122

1) What does this word mean?

2) How often do you train?

3) Where do your parents live?

4) When do you get up?

Zeitformen der Gegenwart
Fragen und Kurzantworten mit *do / does*

E 123

1) *Do* you need help? – Yes, I *do*.

2) *Does* the train stop in Risborough? – No, it *doesn't*

3) *Do* your friends speak Spanish? – No, they *don't*.

Zeitformen der Gegenwart
Fragen und Kurzantworten mit *do / does*

E 12

1) *Does* Tony do any sport? – No, he *doesn't*.

2) *Does* the boss know? – Yes, she *does*.

3) *Does* Ann eat meat? – No, she *doesn't*.

Zeitformen der Gegenwart
Fragen und Kurzantworten mit *do / does*

E 125

Beantworten Sie die Fragen für sich mit *Yes, I do* oder *No, I don't*.

1) Do you like fish?

2) Do you speak French?

3) Do you play an instrument?

4) Do you travel a lot?

Zeitformen der Gegenwart
Fragen und Kurzantworten mit *do / does*

E 126

Ergänzen Sie die Fragen wie im Beispiel.
. . . an instrument? (*play*)
Does he play an instrument? – Yes, the guitar.

1) . . . (*eat*) a big lunch? – No, we eat in the evening.

2) . . . (*know*) his phone number? – Yes, she does.

3) . . . (*cost*) much? – Yes, it does. $130.

Zeitformen der Gegenwart
Fragen und Kurzantworten mit *do / does*

E 127

Übersetzen Sie die Fragen und die Antworten.

1) Wohnen Sie hier? – Ja.

2) Kennt Tom die Adresse? – Ja.

3) Mag sie Rosen? – Ja.

4) Spricht der Präsident Deutsch? – Nein.

Zeitformen der Gegenwart
Verlaufsform der Gegenwart

E 128

Ergänzen Sie das Verb in der Verlaufsform.

1) Just a moment. I . . . (*finish*) my breakfast.

2) The neighbours . . . (*have*) a party.

3) Sonia's not here. She . . . (*play*) squash with Ed.

4) I . . . (*write*) this letter on a train.

Zeitformen der Gegenwart
Fragen und Kurzantworten mit *do / does*

E 125

1) Yes, I do. / No, I don't.

2) Yes, I do. / No, I don't.

3) Yes, I do. / No, I don't.

4) Yes, I do. / No, I don't.

Zeiformen der Gegenwart
Fragen und Kurzantworten mit *do / does*

E 126

1) *Do you eat* a big lunch? – No, we eat in the evening.

2) *Does she know* his phone number? – Yes, she does.

3) *Does it cost* much? – Yes, it does. $130.

Zeiformen der Gegenwart
Fragen und Kurzantworten mit *do / does*

E 127

1) Do you live here? – Yes, I do.

2) Does Tom know the address? – Yes, he does.

3) Does she like roses? – Yes, she does.

4) Does the President speak German? – No, he doesn't

Zeitformen der Gegenwart
Verlausform der Gegenwart

E 12

1) Just a moment. I *am finishing* my breakfast.

2) The neighbours *are having* a party.

3) Sonia's not here. She *is playing* squash with Ed.

4) I *am writing* this letter on a train.

Zeitformen der Gegenwart
Verlaufsform der Gegenwart

E 129

Ergänzen Sie das Verb in der Verlaufsform.

1) Steve . . . (*sit*) at the computer in the next room.

2) We . . . (*wait*) for Phil. He's late.

3) Ann's in the bathroom. She . . . (*have*) a shower.

4) The phone . . . (*ring*). Can you answer it, please?

Zeitformen der Gegenwart
Verlaufsform der Gegenwart

E 130

Ergänzen Sie wie im Beispiel.
It . . . (*not rain*). The sun . . . (*shine*).
It isn't raining. The sun is shining.

1) Tony . . . today. (*not work*) He . . . tennis. (*play*)

2) We . . . this evening. (*not cook*) We . . . out. (*eat*)

3) I . . . TV. (*not watch*) I . . . my homework! (*do*)

Zeitformen der Gegenwart
Verlaufsform der Gegenwart

E 131

Ergänzen Sie wie im Beispiel.
It . . . (*not rain*). The sun . . . (*shine*).
It isn't raining. The sun is shining.

1) You . . . (*not listen*). You . . . out of the window! (*look*)

2) The children . . . (*not play*). They . . . at the table. (*sit*)

Zeitformen der Gegenwart
Verlaufsform der Gegenwart

E 132

Beantworten Sie die Fragen in der Verlaufsform der Gegenwart.

1) Are you working on your English?

2) Are you sitting in a chair?

3) Are you watching TV?

4) Are you talking on the telephone?

Zeitformen der Gegenwart
Verlausform der Gegenwart

E 129

1) Steve *is sitting* at the computer in the next room.

2) We *are waiting* for Phil. He's late.

3) Ann's in the bathroom. She *is having* a shower.

4) The phone *is ringing*. Can you answer it, please?

Zeitformen der Gegenwart
Verlausform der Gegenwart

E 130

1) Tony *isn't working* today. He *is playing* tennis.

2) We *aren't cooking* this evening. We *are eating* out.

3) I'*m not watching* TV. I'*m doing* my homework!

Zeitformen der Gegenwart
Verlausform der Gegenwart

E 131

1) You *aren't listening*. You *are looking* out of the window!

2) The children *aren't playing*. They *are sitting* at the table.

Zeitformen der Gegenwart
Verlausform der Gegenwart

E 13

1) Yes, I'm working on my English.

2) Yes, I'm sitting in a chair.

3) No, I'm not watching TV.

4) No, I'm not talking on the telephone.

Zeitformen der Gegenwart
Verlaufsform mit *just, now* usw.

E 133

Die durchgestrichene Zeitangabe steht falsch. Korrigieren Sie.

1) I am finishing ~~just~~ my supper.

2) The sun isn't ~~today~~ shining.

3) She's having ~~at the moment~~ a shower.

Zeitformen der Gegenwart
Verlaufsform mit *just, now* usw.

E 134

Die durchgestrichene Zeitangabe steht falsch. Korrigieren Sie.

1) The children are watching ~~just~~ a film.

2) He's reading ~~now~~ your fax.

3) We aren't going ~~this year~~ on holiday.

Zeitformen der Gegenwart
/erlaufsform mit *just, now* usw.

E 135

3ilden Sie einen Satz mit *just*.

) Oh no! The train . . . . (*leave*)

) They . . . our new sofa. (*bring*)

) Daniel . . . the boss the news. (*tell*)

eitformen der Gegenwart
erlaufsform mit *just, now* usw.

E 136

ilden Sie Sätze und setzen Sie das Verb in die erlaufsform.

to work / this week / Laura / walk

eat / at the moment / We / a lot of salads

I / not use / now / the computer

Zeitformen der Gegenwart
Verlaufsform mit *just, now* usw.

E 133

1) I am *just* finishing my supper.

2) The sun isn't shining *today*.

3) She's having a shower *at the moment*.

Zeitformen der Gegenwart
Verlaufsform mit *just, now* usw.

E 134

1) The children are *just* watching a film.

2) He's reading your fax *now*.

3) We aren't going on holiday *this year*.

Zeitformen der Gegenwart
Verlaufsform mit *just, now* usw.

E 135

1) Oh no! The train *is just leaving*.

2) They *are just bringing* our new sofa.

3) Daniel *is just telling* the boss the news.

Zeitformen der Gegenwart
Verlaufsform mit *just, now* usw.

E 13

1) Laura *is walking* to work this week.

2) We *are eating* a lot of salads at the moment.

3) I *am not using* the computer now.

Zeitformen der Gegenwart
Verlaufsform mit *just, now* usw.

E 137

Bilden Sie Sätze und setzen Sie das Verb in die Verlaufsform.

1) do / at the moment / My husband / a lot of sport

2) try out / a new producer / We / at the moment.

3) to the Hanover Fair / this year / We / not go

Zeitformen der Gegenwart
Verlaufsform mit *just, now* usw.

E 138

Übersetzen Sie. Verwenden Sie immer die Verlaufsform.

1) Es fängt gerade an zu regnen.

2) Ich warte jetzt auf seine Antwort.

3) Meine Frau arbeitet im Moment sehr hart.

Zeitformen der Gegenwart
Fragen in der Verlaufsform

E 139

Ergänzen Sie *am, are* oder *is.*

) . . . Ann coming with us?

) What . . . that man doing?

) Where . . . all these people going?

eitformen der Gegenwart
ragen in der Verlaufsform

E 140

eantworten Sie die Fragen mit *Yes, I am* oder *No, m not.*

Are you working at home?

Are you sitting at a desk?

Are you listening to music?

Zeitformen der Gegenwart
Verlaufsform mit *just, now* usw.

E 137

1) My husband *is doing* a lot of sport at the moment.

2) We *are trying out* a new producer at the moment.

3) We *aren't going* to the Hanover Fair this year.

Zeitformen der Gegenwart
Verlaufsform mit *just, now* usw.

E 138

1) It is just starting to rain.

2) I'm waiting for his answer now.

3) My wife is working very hard at the moment.

Zeitformen der Gegenwart
Fragen in der Verlaufsform

E 139

1) *Is* Ann coming with us?

2) What *is* that man doing?

3) Where *are* all these people going?

Zeitformen der Gegenwart
Fragen in der Verlaufsform

E 14

1) Yes, I am. / No, I'm not.

2) Yes, I am. / No, I'm not.

3) Yes, I am. / No, I'm not.

Zeitformen der Gegenwart
Fragen in der Verlaufsform

E 141

Ergänzen Sie die Fragen und Antworten wie im Beispiel.

(*Tina / wear*) jeans? – Yes.
Is Tina wearing jeans? – Yes, *she is.*

1) (*she / wear*) a pullover? – No.

2) (*Tim / wear*) jeans? – No.

3) (*he / carry*) a bag? – Yes.

Zeitformen der Gegenwart
Fragen in der Verlaufsform

E 142

Ergänzen Sie die Fragen und Antworten wie im Beispiel.

(*Tina / wear*) jeans? – Yes.
Is Tina wearing jeans? – Yes, *she is.*

1) (*Tina / ask*) Tim a question? – Yes.

2) (*Tim and Tina / go*) to work? – No.

3) (*Tim / feel*) happy? – No.

Zeitformen der Gegenwart
Fragen in der Verlaufsform

E 143

Übersetzen Sie die Fragen und Kurzantworten. Verwenden Sie die Verlaufsform.

1) Warum lachen Sie?

2) Was studiert Ihre Tochter?

) Kommt Anja [mit]? – Ja.

eitformen der Gegenwart
ragen in der Verlaufsform

E 144

bersetzen Sie die Fragen und Kurzantworten. erwenden Sie die Verlaufsform.

Schauen die Kinder [gerade] fern? – Ja.

Arbeitet deine Frau heute? – Nein.

Was sagt er [da gerade]?

Zeitformen der Gegenwart
Fragen in der Verlaufsform

E 141

1) *Is she wearing* a pullover? – No, *she isn't.*

2) *Is Tim wearing* jeans? – No, *he isn't.*

3) *Is he carrying* a bag? – Yes, *he is.*

Zeitformen der Gegenwart
Fragen in der Verlaufsform

E 142

1) *Is Tina asking* Tim a question? – Yes, *she is.*

2) *Are Tim and Tina going* to work? – No, *they aren't.*

3) *Is Tim feeling* happy? – No, *he isn't.*

Zeitformen der Gegenwart
Fragen in der Verlaufsform

E 143

1) Why are you laughing?

2) What is your daughter studying?

3) Is Anja coming? – Yes, she is.

Zeitformen der Gegenwart
Fragen in der Verlaufsform

E 14

1) Are the children watching TV / television? – Yes, they are.

2) Is your wife working today? – No, she isn't.

3) What is he saying?

Zeitformen der Gegenwart
Signalwörter

E 145

Welche Form ist richtig?

1) How many people . . . now?
   ■ are waiting ■ wait

2) It . . . at the moment.
   ■ doesn't rain ■ isn't raining

3) This . . .
   ■ doesn't often happen ■ isn't often happening.

Zeitformen der Gegenwart
Signalwörter

E 146

Ergänzen Sie die Sätze mit der richtigen Verbform.

1) George and Laura normally . . . (*watch*) TV on Friday.

2) George . . . (*watch*) tennis today.

3) Laura . . . (*talk*) to a friend at the moment.

Zeitformen der Gegenwart
Signalwörter

E 147

Ergänzen Sie die Sätze mit der richtigen Verbform.

1) John . . . (*just watch*) the end of an exciting match.

2) John never . . . (*play*) tennis.

3) He never . . . (*do*) much sport, but he often . . . (*watch*) it.

eitformen der Gegenwart
ignalwörter

E 148

ilden Sie verneinte Sätze mit *don't / doesn't* der *aren't / isn't*.

The train . . . (*not usually stop*) here.

I . . . (*not normally smoke*), but I sometimes have a cigarillo.

The neighbours . . . (*not make*) much noise today.

Zeitformen der Gegenwart **E 145**
Signalwörter

1) How many people *are waiting* now?

2) It *isn't raining* at the moment.

3) This *doesn't often happen*.

Zeitformen der Gegenwart **E 146**
Signalwörter

1) George and Laura normally *watch* TV on Friday.

2) George *is watching* tennis today.

3) Laura *is talking* to a friend at the moment.

Zeitformen der Gegenwart **E 147**
Signalwörter

1) John *is just watching* the end of an exciting match.

2) John never *plays* tennis.

3) He never *does* much sport, but he often *watches* it.

Zeitformen der Gegenwart **E 14**
Signalwörter

1) The train *doesn't usually stop* here.

2) I *don't normally smoke*, but I sometimes have a cigarillo.

3) The neighbours *aren't making* much noise today.

Zeitformen der Gegenwart
Signalwörter

E 149

Bilden Sie verneinte Sätze mit *don't / doesn't* oder *aren't / isn't*.

1) Customers . . . (*not normally pay*) in cash.

2) My boss has a new baby, so she . . . (*not work*) at the moment.

3) I . . . (*not usually arrive*) home before 7 in the evening.

Zeitformen der Gegenwart
Signalwörter

E 150

Bilden Sie Fragen mit einer Form von *do* (einfache Gegenwart) oder von *be* (Verlaufsform).

1) . . . (*you / always / put*) sugar in the salad?

2) . . . (*Ann / use*) the computer at the moment?

3) . . . (*Phil / work*) this weekend?

Zeitformen der Gegenwart
Signalwörter

E 151

Bilden Sie Fragen mit einer Form von *do* (einfache Gegenwart) oder von *be* (Verlaufsform).

) . . . (*you / often / visit*) your parents? – No, not often.

) . . . (*your boss / travel*) a lot at the moment? – Yes. At the moment he's in Rome.

) When . . . (*you / usually start*) work? – At 8.30.

eitformen der Gegenwart
nterschiede im Gebrauch

E 152

eschreiben Sie eine Veränderung mit einem Satz der Verlaufsform.

(*rise*) Prices . . . .

(*fall*) Inflation . . . .

(*drop*) The temperature . . . .

Zeitformen der Gegenwart
Signalwörter

E 149

1) Customers *don't normally pay* in cash.

2) My boss has a new baby, so she *isn't working* at the moment.

3) I *don't usually arrive* home before 7 in the evening.

Zeitformen der Gegenwart
Signalwörter

E 150

1) *Do you always put* sugar in the salad?

2) *Is Ann using* the computer at the moment?

3) *Is Phil working* this weekend?

Zeitformen der Gegenwart
Signalwörter

E 151

1) *Do you often visit* your parents? – No, not often.

2) *Is your boss travelling* a lot at the moment? – Yes. At the moment he's in Rome.

3) When *do you usually start* work? – At 8.30.

Zeitformen der Gegenwart
Unterschiede im Gebrauch

E 15

1) Prices *are rising*.

2) Inflation *is falling*.

3) The temperature *is dropping*.

Zeitformen der Gegenwart
Unterschiede im Gebrauch

E 153

Entscheiden Sie: Ist normalerweise ein Dauerzustand (D) oder eine vorübergehende Situation (V) gemeint?

	D	V
1) build a house	■	■
2) live in a house	■	■
3) stay in a house (as a guest)	■	■
4) study medicine	■	■

Zeitformen der Gegenwart
Unterschiede im Gebrauch

E 154

Ergänzen Sie.

1) They . . . a new house on that field. (*build*)

2) My friends . . . in a house with a big garden. (*live*)

3) My mother-in-law . . . with us for 3 weeks. (*stay*)

4) Lucy's son is very clever. He . . . medicine. (*study*)

Zeitformen der Gegenwart
Unterschiede im Gebrauch

E 155

Ergänzen Sie die Verben: *learn, paint, shine, speak.*

1) It's a lovely day and the sun (*scheint*) . . . .

2) We (*streichen*) . . . our flat. It's a lot of work.

3) I (*lerne*) . . . Italian. Ron (*spricht*) . . . it very well.

eitformen der Gegenwart
nterschiede im Gebrauch

E 156

ilden Sie Fragen mit einer Form von *do* (einfache egenwart) oder *be* (Verlaufsform).

What . . . (*you / do*)? . . . (*you / wait*) for somebody? – Yes, my daughter. She's late.

. . . (*you / speak*) French? – No, sorry.

Where . . . (*you / go*)? – To the supermarket.

Zeitformen der Gegenwart
Unterschiede im Gebrauch

E 153

	D	V
1) build a house	■	✘
2) live in a house	✘	■
3) stay in a house (as a guest)	■	✘
4) study medicine	■	✘

Zeitformen der Gegenwart
Unterschiede im Gebrauch

E 154

1) They *are building* a new house on that field.

2) My friends *live* in a house with a big garden.

3) My mother-in-law *is staying* with us for 3 weeks.

4) Lucy's son is very clever. He *is studying* medicine.

Zeitformen der Gegenwart
Unterschiede im Gebrauch

E 155

1) It's a lovely day and the sun *is shining*.

2) We *are painting* our flat. It's a lot of work.

3) I *am learning* Italian, Ron *speaks* it very well.

Zeitformen der Gegenwart
Unterschiede im Gebrauch

E 15

1) What *are you doing*? *Are you waiting* for somebody
   – Yes, my daughter. She's late.

2) *Do you speak* French? – No, sorry.

3) Where *are you going*? – To the supermarket.

Zeitformen der Gegenwart
Unterschiede im Gebrauch

E 157

Bilden Sie Fragen mit einer Form von *do* oder *be*.

1) How . . . (*you / get*) to work? – By car usually.

2) Which newspaper . . . (*you / read*)? – The Times in the week, and the Observer on Sunday.

3) . . . (*you / study*) on your own or in a group? – I'm doing a course, it's every Wednesday evening.

Zeitformen der Gegenwart
Verben ohne Verlaufsform

E 158

Übersetzen Sie. Verwenden Sie die einfache Form.

1) I . . . (*will*) to buy a new mobile phone.

2) But I . . . (*weiß nicht*) which one to buy.

3) It all . . . (*hängt ab von*) the price.

Zeitformen der Gegenwart
Verben ohne Verlaufsform

E 159

Übersetzen Sie. Verwenden Sie die einfache Form.

) We . . . (*mögen nicht*) it here.

) We . . . (*kennen nicht*) many people.

) . . . (*Verstehen Sie*) what he's saying?

) I . . . (*verstehe nicht*) much.

eitformen der Gegenwart
erben ohne Verlaufsform

E 160

gänzen Sie die einfache Form oder Verlaufsform on *have*.

Their postcard says that they . . . a great holiday.

It's OK, I . . . enough money for us both.

How many children . . . the Smiths . . . ?

Zeitformen der Gegenwart
Unterschiede im Gebrauch

E 157

1) How *do you get* to work? – By car usually.

2) Which newspaper *do you read*? – The Times in the week, and the Observer on Sunday.

3) *Are you studying* on your own or in a group? – I'm doing a course, it's every Wednesday evening.

Zeitformen der Gegenwart
Verben ohne Verlaufsform

E 158

1) I *want* to buy a new mobile phone.

2) But *I don't know* which one to buy.

3) It all *depends on* the price.

Zeitformen der Gegenwart
Verben ohne Verlaufsform

E 159

1) We *don't like* it here.

2) We *don't know* many people.

3) *Do you understand* what he's saying?

4) *I don't understand* much.

Zeitformen der Gegenwart
Verben ohne Verlaufsform

E 16

1) Their postcard says that they *are having* a great holiday.

2) It's OK, I *have* enough money for us both.

3) How many children *do* the Smiths *have*?

Zeitformen der Gegenwart
Verben ohne Verlaufsform

E 161

Ergänzen Sie die einfache Form oder Verlaufsform von *have*.

1) It's Tony's 30th birthday, and he . . . a big party.

2) What sort of car . . . you . . . ?

3) Sorry, he . . . a bath. Can you phone back later?

Zeitformen der Gegenwart
Verben ohne Verlaufsform

E 162

Ergänzen Sie die einfache Form oder Verlaufsform von *think*.

1) What's the time? – I . . . it's about six o'clock.

2) I . . . we should go. We don't want to be late.

3) They . . . of moving to a place in the mountains.

Zeitformen der Gegenwart
Verben ohne Verlaufsform

E 163

Ergänzen Sie die einfache Form oder Verlaufsform von *think*.

1) Ann . . . about what to tell her boss.

2) I . . . Phil knows the answer. Ask him.

3) . . . you . . . it's a good idea?

4) I . . . it's a great idea.

Zeitformen der Gegenwart
Verben ohne Verlaufsform

E 164

Ergänzen Sie die Verben in der passenden Form.

1) I . . . (*wait*) for a phone call from my boss.

2) I . . . (*want*) to know if he . . . (*have*) time to see me today.

3) We . . . (*think*) of buying a new car. I . . . (*think*) a diesel is best.

Zeitformen der Gegenwart
Verben ohne Verlaufsform

E 161

1) It's Tony's 30th birthday, and he *is having* a big party.

2) What sort of car *do* you *have*?

3) Sorry, he *is having* a bath. Can you phone back later?

Zeitformen der Gegenwart
Verben ohne Verlaufsform

E 162

1) What's the time? – I *think* it's about six o'clock.

2) I *think* we should go. We don't want to be late.

3) They *are thinking* of moving to a place in the mountains.

Zeitformen der Gegenwart
Verben ohne Verlaufsform

E 163

1) Ann *is thinking* about what to tell her boss.

2) I *think* Phil knows the answer. Ask him.

3) *Do* you *think* it's a good idea?

4) I *think* it's a great idea.

Zeitformen der Gegenwart
Verben ohne Verlaufsform

E 16

1) I *am waiting* for a phone call from my boss.

2) I *want* to know if he *has* time to see me today.

3) We *are thinking* of buying a new car. I *think* a diesel is best.

Zeitformen der Gegenwart
Verben ohne Verlaufsform

E 165

Ergänzen Sie die Verben in der passenden Form.

1) Sorry, she . . . (*have*) lunch at the moment. She always . . . (*have*) lunch between 12 and 1.

2) At the moment I . . . (*have*) all that I . . . (*need*).

3) It . . . (*seem*) to me much better now.

Zeitformen der Vergangenheit
was und *were*

E 166

Welche Form ist richtig?

1) I . . . ill yesterday.
■ was ■ were

2) The train . . . late every day last week.
■ was ■ were

3) . . . you at Angela's party last week?
■ Was ■ Were

Zeitformen der Vergangenheit
was und *were*

E 167

Welche Form ist richtig?

1) It was Sunday; so the shops . . . open.
■ wasn't ■ weren't

2) You . . . very happy. Why?
■ wasn't ■ weren't

3) The waiting room . . . very full.
■ wasn't ■ weren't

Zeitformen der Vergangenheit
was und *were*

E 168

Ergänzen Sie *was* oder *were*.

1) Where is Ann? She . . . here a moment ago.

2) As a child I . . . a great comic fan.

3) Tom & Jerry . . . my favourite characters.

Zeitformen der Gegenwart
Verben ohne Verlaufsform — E 165

1) Sorry, she *is having* lunch at the moment. She always *has* lunch between 12 and 1.

2) At the moment I *have* all that I *need*.

3) It *seems* to me much better now.

Zeitformen der Vergangenheit
was* und *were — E 166

1) I *was* ill yesterday.

2) The train *was* late every day last week.

3) *Were* you at Angela's party last week?

Zeitformen der Vergangenheit
was* und *were — E 167

1) It was Sunday; so the shops *weren't* open.

2) You *weren't* very happy. Why?

3) The waiting room *wasn't* very full.

Zeitformen der Vergangenheit
was* und *were — E 16

1) Where is Ann? She *was* here a moment ago.

2) As a child I *was* a great comic fan.

3) Tom & Jerry *were* my favourite characters.

Zeitformen der Vergangenheit
was und *were*

E 169

Ergänzen Sie *was, wasn't, were* oder *weren't.*

1) The hotel . . . expensive. The room . . . only $30 per night.

2) Dave and Ed . . . on holiday in Rome last week.

3) That's why they . . . at the party.

Zeitformen der Vergangenheit
was und *were*

E 170

Ergänzen Sie die Fragen mit *was / were* und beantworten Sie sie für sich.

1) . . . you a happy child when you were young?

2) . . . you tall for your age?

3) . . . your house or flat big?

Zeitformen der Vergangenheit
was und *were*

E 171

Übersetzen Sie.

1) Wie war euer Urlaub? – Er war toll.

2) Das Wetter und das Hotel waren beide sehr gut.

3) Die Reise war sehr lang. Sie war nicht leicht.

Zeitformen der Vergangenheit
was und *were*

E 172

Übersetzen Sie.

) Wo warst du gestern? Warst du krank?

Die Eltern waren nicht zu Hause.

Die Kinder waren allein.

Wann war Angelo hier? War es letztes Jahr?

Zeitformen der Vergangenheit
was und *were*

E 169

1) The hotel *wasn't* expensive. The room *was* only $30 per night.

2) Dave and Ed *were* on holiday in Rome last week.

3) That's why they *weren't* at the party.

Zeitformen der Vergangenheit
was und *were*

E 170

1) *Were* you a happy child when you were young? – *Yes, I was. / No, I wasn't.*

2) *Were* you tall for your age? – *Yes, I was. / No, I wasn't.*

3) *Was* your house or flat big? – *Yes, it was. / No, it wasn't.*

Zeitformen der Vergangenheit
was und *were*

E 171

1) How was your holiday? / What was your holiday like? – It was great.

2) The weather and the hotel were both very good.

3) The journey was very long. It wasn't easy.

Zeitformen der Vergangenheit
was und *were*

E 17

1) Where were you yesterday? Were you ill?

2) The parents weren't at home.

3) The children were alone.

4) When was Angelo here? Was it last year?

Zeitformen der Vergangenheit
Vergangenheit regelmäßiger Verben

E 173

Welche Form ist richtig?

1) I . . . very long at the meeting.
   ■ didn't stay ■ stayed not

2) We . . . to phone you.
   ■ tried ■ tryed

3) They . . . it all a long time ago.
   ■ planed ■ planned

Zeitformen der Vergangenheit
Vergangenheit regelmäßiger Verben

E 174

Welche Form ist richtig?

1) It . . . much.
   ■ didn't rain ■ didn't rained

2) The accident . . . last week.
   ■ did happen ■ happened

3) We . . . late.
   ■ arriveed ■ arrived

Zeitformen der Vergangenheit
/ergangenheit regelmäßiger Verben

E 175

;etzen Sie die Verben in die Vergangenheitsform.

.) We . . . (*live*) there over 20 years.

) A mobile phone . . . (*start*) to ring in the middle of the concert.

) The train suddenly . . . (*stop*).

eitformen der Vergangenheit
ergangenheit regelmäßiger Verben

E 176

etzen Sie die Verben in die Vergangenheitsform.

My mother . . . (*study*) physics.

An old school friend . . . (*phone*) me last night.

We . . . (*travel*) overnight.

Zeitformen der Vergangenheit
Vergangenheit regelmäßiger Verben

E 173

1) I *didn't stay* very long at the meeting.

2) We *tried* to phone you.

3) They *planned* it all a long time ago.

Zeitformen der Vergangenheit
Vergangenheit regelmäßiger Verben

E 174

1) It *didn't rain* much.

2) The accident *happened* last week.

3) We *arrived* late.

Zeitformen der Vergangenheit
Vergangenheit regelmäßiger Verben

E 175

1) We *lived* there over 20 years.

2) A mobile phone *started* to ring in the middle of the concert.

3) The train suddenly *stopped*.

Zeitformen der Vergangenheit
Vergangenheit regelmäßiger Verben

E 17

1) My mother *studied* physics.

2) An old school friend *phoned* me last night.

3) We *travelled* overnight.

Zeitformen der Vergangenheit
Vergangenheit regelmäßiger Verben

E 177

Bilden Sie verneinte Sätze wie im Beispiel.
I asked David. (*Peter*) → I didn't ask Peter.

1) We played tennis. (*mini-golf*)

2) They cleaned the floor. (*windows*)

3) Angela planned the conference. (*conference party*)

Zeitformen der Vergangenheit
Vergangenheit regelmäßiger Verben

E 178

Bilden Sie verneinte Sätze wie im Beispiel.
I asked David. (*Peter*) → I didn't ask Peter.

1) I ordered beer. (*wine*)

2) We arrived separately. (*together*)

3) We travelled by train. (*plane*)

Zeitformen der Vergangenheit
Vergangenheit regelmäßiger Verben

E 179

Ergänzen Sie die Vergangenheitsform des Verbs.

1) They . . . (*want*) to stay longer.

2) But they . . . (*not like*) the hotel.

3) I . . . (*enjoy*) the holiday.

) I . . . (*not miss*) the office for one moment!

eitformen der Vergangenheit
ergangenheit regelmäßiger Verben

E 180

rgänzen Sie die Vergangenheitsform des Verbs.

) We . . . (*plan*) to go to Rome.

It . . . (*start*) to rain so I . . . (*hurry*) home.

It all . . . (*seem*) so easy – but it . . . (*not be*).

Zeitformen der Vergangenheit
Vergangenheit regelmäßiger Verben

E 177

1) We didn't play mini-golf.

2) They didn't clean the windows.

3) Angela didn't plan the conference party.

Zeitformen der Vergangenheit
Vergangenheit regelmäßiger Verben

E 178

1) I didn't order wine.

2) We didn't arrive together.

3) We didn't travel by plane.

Zeitformen der Vergangenheit
Vergangenheit regelmäßiger Verben

E 179

1) They *wanted* to stay longer.

2) But they *didn't like* the hotel.

3) I *enjoyed* the holiday.

4) I *didn't miss* the office for one moment!

Zeitformen der Vergangenheit
Vergangenheit regelmäßiger Verben

E 18

1) We *planned* to go to Rome.

2) It *started* to rain so I *hurried* home.

3) It all *seemed* so easy – but it *wasn't*.

Zeitformen der Vergangenheit
Vergangenheit regelmäßiger Verben

E 181

Übersetzen Sie die Verben. Verwenden Sie immer die Vergangenheitsform.

1) We . . . (*haben gesehen*) a late-night film on TV.

2) We . . . (*sind nicht gegangen*) to bed before 2.

3) I . . . (*habe gefragt*) because it . . . (*schien*) important.

Zeitformen der Vergangenheit
Vergangenheit regelmäßiger Verben

E 182

Übersetzen Sie die Verben. Verwenden Sie immer die Vergangenheitsform.

1) We . . . (*lernten nicht*) much.

2) I . . . (*habe es nicht geplant*) like this.

3) I . . . (*habe versucht*) to talk to him, but he . . . (*wollte nicht*) to know.

Zeitformen der Vergangenheit
Vergangenheit unregelmäßiger Verben

E 183

Welche Form ist richtig?

1) We . . . to Paris last weekend.
■ flied ■ flew

2) We . . . in a café.
■ sat ■ sitted

3) I . . . to the waiter in English.
■ speaked ■ spoke

Zeitformen der Vergangenheit
Vergangenheit unregelmäßiger Verben

E 184

Welche Form ist richtig?

) I . . . great.
■ fall ■ felt

) The woman . . . me.
■ didn't understand ■ didn't understood

) They . . . much sightseeing.
■ didn't ■ didn't do

Zeitformen der Vergangenheit
Vergangenheit regelmäßiger Verben

E 181

1) We *watched* a late-night film on TV.

2) We *didn't go* to bed before 2.

3) I *asked* because it *seemed* important.

Zeitformen der Vergangenheit
Vergangenheit regelmäßiger Verben

E 182

1) We *didn't learn* much.

2) I *didn't plan it* like this.

3) I *tried* to talk to him, but he *didn't want* to know.

Zeitformen der Vergangenheit
Vergangenheit unregelmäßiger Verben

E 183

1) We *flew* to Paris last weekend.

2) We *sat* in a café.

3) I *spoke* to the waiter in English.

Zeitformen der Vergangenheit
Vergangenheit unregelmäßiger Verben

E 18

1) I *felt* great.

2) The woman *didn't understand* me.

3) They *didn't do* much sightseeing.

Zeitformen der Vergangenheit
Vergangenheit unregelmäßiger Verben

E 185

Ergänzen Sie die richtige Vergangenheitsform.

1) My father once . . . (*find*) 50,000 Italian lire in the street.

2) He . . . (*take*) it to the police station.

3) But they . . . (*not want*) it.

Zeitformen der Vergangenheit
Vergangenheit unregelmäßiger Verben

E 186

Ergänzen Sie die richtige Vergangenheitsform.

1) We . . . (*not know*) many of the other guests at the party last week.

2) But we . . . (*have*) a good time.

3) I . . . (*speak*) to a lot of interesting people.

Zeitformen der Vergangenheit
Vergangenheit unregelmäßiger Verben

E 187

Ergänzen Sie die richtige Vergangenheitsform.

1) We . . . (*eat*) some fantastic food at Ann's.

2) They . . . (*have*) some lovely wine.

3) But I . . . (*not drink*) any because I had to drive.

Zeitformen der Vergangenheit
Vergangenheit unregelmäßiger Verben

E 188

Ergänzen Sie die richtige Vergangenheitsform.

1) This time we . . . (*not pay*) so much.

2) It . . . (*cost*) less than last year.

3) We . . . (*not do*) much at the weekend.

Zeitformen der Vergangenheit **E 185**
Vergangenheit unregelmäßiger Verben

1) My father once *found* 50,000 Italian lire in the street.

2) He *took* it to the police station.

3) But they *didn't want* it.

Zeitformen der Vergangenheit **E 186**
Vergangenheit unregelmäßiger Verben

1) We *didn't know* many of the other guests at the party last week.

2) But we *had* a good time.

3) I *spoke* to a lot of interesting people.

Zeitformen der Vergangenheit **E 187**
Vergangenheit unregelmäßiger Verben

1) We *ate* some fantastic food at Ann's.

2) They *had* some lovely wine.

3) But I *didn't drink* any because I had to drive.

Zeitformen der Vergangenheit **E 18**
Vergangenheit unregelmäßiger Verben

1) This time we *didn't pay* so much.

2) It *cost* less than last year.

3) We *didn't do* much at the weekend.

Zeitformen der Vergangenheit
Vergangenheit unregelmäßiger Verben **E 189**

Ergänzen Sie die richtige Vergangenheitsform.

1) The weather . . . (*not be*) very good yesterday.

2) So we . . . (*stay*) at home.

3) We . . . (*read*), . . . (*listen*) to music and . . . (*watch*) one or two videos.

Zeitformen der Vergangenheit
Vergangenheit unregelmäßiger Verben **E 190**

Ergänzen Sie die richtige Vergangenheitsform.

1) I . . . (*write*) 26 emails yesterday.

2) Then some friends . . . (*come*) round.

3) We last . . . (*meet*) a long time ago.

Zeitformen der Vergangenheit
Vergangenheit unregelmäßiger Verben **E 191**

Ergänzen Sie die richtige Vergangenheitsform.

1) Sorry, I . . . (*forget*) to tell you about the meeting when I . . . (*see*) you last week.

2) Then Dave . . . (*tell*) me not to phone.

3) He . . . (*say*) that you . . . (*know*).

Zeitformen der Vergangenheit
Vergangenheit unregelmäßiger Verben **E 192**

Übersetzen Sie die Verben. Verwenden Sie immer die Vergangenheitsform.

1) I hear that you . . . (*hast verloren*) your keys.

2) Yes, somebody . . . (*hat genommen*) them from my bag.

3) Last week Sandra's mother . . . (*ist gefallen*) and . . . (*hat gebrochen*) her leg.

Zeitformen der Vergangenheit **E 189**
Vergangenheit unregelmäßiger Verben

1) The weather *wasn't* very good yesterday.

2) So we *stayed* at home.

3) We *read*, *listened* to music and *watched* one or two videos.

Zeitformen der Vergangenheit **E 190**
Vergangenheit unregelmäßiger Verben

1) I *wrote* 26 emails yesterday.

2) Then some friends *came* round.

3) We last *met* a long time ago.

Zeitformen der Vergangenheit **E 191**
Vergangenheit unregelmäßiger Verben

1) Sorry, I *forgot* to tell you about the meeting when I *saw* you last week.

2) Then Dave *told* me not to phone.

3) He *said* that you *knew*.

Zeitformen der Vergangenheit **E 19**
Vergangenheit unregelmäßiger Verben

1) I hear that you *lost* your keys.

2) Yes, somebody *took* them from my bag.

3) Last week Sandra's mother *fell* and *broke* her leg.

Zeitformen der Vergangenheit
Vergangenheit unregelmäßiger Verben

E 193

Übersetzen Sie die Verben. Verwenden Sie immer die Vergangenheitsform.

1) Somebody . . . (*hat gestellt*) a vase of flowers on my desk yesterday. Was it you, Angela? – No, I . . . (*habe nicht getan*) it.

2) We . . . (*hörten*) from an old friend last week. We last . . . (*haben gesehen*) him in 2001.

Zeitformen der Vergangenheit
Fragen und Kurzantworten mit *did*

E 194

Ergänzen Sie *did* und *didn't*.

1) . . . I tell you that story about Rod? – No, you . . . .

2) . . . you find out the address? – Yes, I . . . .

3) . . . they phone back? – No, they . . . .

4) . . . the man pay cash? – Yes, he . . . .

Zeitformen der Vergangenheit
Fragen und Kurzantworten mit *did*

E 195

Bilden Sie Fragen mit . . . *did you* . . . .

1) Where . . . (*buy*) that dress? – In Spain.

2) When . . . (*arrive*) home? – Very late. After midnight.

3) Where . . . (*park*)? – In Castle Street.

4) A broken leg? How . . . (*do*) that? – I fell off my bike.

Zeitformen der Vergangenheit
Fragen und Kurzantworten mit *did*

E 196

Ergänzen Sie die Fragen mit *Did you* … und beantworten Sie sie für sich mit *Yes, I did* oder *No, I didn't*.

1) . . . (*go*) to the cinema last week?

2) . . . (*sleep*) well last night?

3) . . . (*get up*) early this morning?

Zeitformen der Vergangenheit **E 193**
Vergangenheit unregelmäßiger Verben

1) Somebody *put* a vase of flowers on my desk yesterday. Was it you, Angela? – No, I *didn't do* it.

2) We *heard* from an old friend last week. We last *saw* him in 2001.

Zeitformen der Vergangenheit **E 194**
Fragen und Kurzantworten mit *did*

1) *Did* I tell you that story about Rod? – No, you *didn't*.

2) *Did* you find out the address? – Yes, I *did*.

3) *Did* they phone back? – No, they *didn't*.

4) *Did* the man pay cash? – Yes, he *did*.

Zeitformen der Vergangenheit **E 195**
Fragen und Kurzantworten mit *did*

1) Where *did you buy* that dress? – In Spain.

2) When *did you arrive* home? – Very late. After midnight.

3) Where *did you park*? – In Castle Street.

4) A broken leg? How *did you do* that? – I fell off my bike.

Zeitformen der Vergangenheit **E 196**
Fragen und Kurzantworten mit *did*

1) *Did you go* to the cinema last week? – *Yes, I did. / No, I didn't.*

2) *Did you sleep* well last night? – *Yes, I did. / No, I didn't.*

3) *Did you get up* early this morning? – *Yes, I did. / No, I didn't.*

Zeitformen der Vergangenheit
Fragen und Kurzantworten mit *did*

E 197

Ergänzen Sie die Fragen mit *Did you ...* und beantworten Sie sie für sich mit *Yes, I did* oder *No, I didn't.*

1) . . . (*watch*) TV last night?

2) . . . (*stay*) at home last Christmas?

3) . . . (*buy*) a newspaper yesterday?

Zeitformen der Vergangenheit
Fragen und Kurzantworten mit *did*

E 198

Vervollständigen Sie die Übersetzungen. Verwenden Sie *did.*

1) Hat es gestern geregnet? → . . . *yesterday?*

2) Wie ist es passiert? → . . . *happen?*

3) Hatten Sie eine gute Reise? → . . . *journey?*

4) Wie viel hat es gekostet? → *How much . . . ?*

Zeitformen der Vergangenheit
Signalwörter *yesterday, when?, ago* usw.

E 199

Ergänzen Sie das Verb in der Vergangenheitsform.

1) This letter . . . (*arrive*) yesterday.

2) My team . . . (*lose*) last weekend.

3) Tony . . . (*leave*) two hours ago.

4) It . . . (*happen*) in September 2001.

Zeitformen der Vergangenheit
Signalwörter *yesterday, when?, ago* usw.

E 200

Ergänzen Sie das Verb in der Vergangenheitsform.

1) We . . . (*not meet*) on Sunday.

2) It . . . (*not snow*) in January.

3) When . . . (*you tell*) Philip?

4) When . . . (*this email arrive*)?

Zeitformen der Vergangenheit **E 197**
Fragen und Kurzantworten mit *did*

1) *Did you watch* TV last night? – *Yes, I did. / No, I didn't.*

2) *Did you stay* at home last Christmas? – *Yes, I did. / No, I didn't.*

3) *Did you buy* a newspaper yesterday? – *Yes, I did. / No, I didn't.*

Zeitformen der Vergangenheit **E 198**
Fragen und Kurzantworten mit *did*

1) Did it rain yesterday?

2) How did it happen?

3) Did you have a good journey?

4) How much did it cost?

Zeitformen der Vergangenheit **E 199**
Signalwörter *yesterday, when?, ago* usw.

1) This letter *arrived* yesterday.

2) My team *lost* last weekend.

3) Tony *left* two hours ago.

4) It *happened* in September 2001.

Zeitformen der Vergangenheit **E 200**
Signalwörter *yesterday, when?, ago* usw.

1) We *didn't meet* on Sunday.

2) It *didn't snow* in January.

3) When *did you tell* Philip?

4) When *did this email arrive*?

Zeitformen der Vergangenheit
Signalwörter *yesterday, when?, ago* usw. **E 201**

Machen Sie wahre Aussagen über sich. Beispiel:
I worked last weekend. / I didn't work last weekend.

1) I . . . (*watch*) TV yesterday.

2) I . . . (*travel*) by train last week.

3) I . . . (*start*) to learn English two years ago.

4) I . . . (*have*) breakfast at 6.30 this morning.

Zeitformen der Vergangenheit
Signalwörter *yesterday, when?, ago* usw. **E 202**

Bilden Sie Sätze.

1) fish / I / yesterday / eat

2) Ann / on 6th June / a big party / give

3) We / time / on Friday / not have

Zeitformen der Vergangenheit
Signalwörter *yesterday, when?, ago* usw. **E 203**

Bilden Sie Sätze.

1) so much / The taxi / last time / not cost

2) They / in 2002 / a holiday / not have

3) The postman / bring / ten minutes ago / these two letters

Zeitformen der Vergangenheit
Signalwörter *yesterday, when?, ago* usw. **E 204**

Übersetzen Sie.

1) vor fünf Tagen

2) vor einem Monat

3) vor einer Stunde

4) vor zehn Minuten

Zeitformen der Vergangenheit
Signalwörter *yesterday, when?, ago* usw.

E 201

1) I *watched / didn't watch* TV yesterday.

2) I *travelled / didn't travel* by train last week.

3) I *started / didn't start* to learn English two years ago.

4) I *had / didn't have* breakfast at 6.30 this morning.

Zeitformen der Vergangenheit
Signalwörter *yesterday, when?, ago* usw.

E 202

1) I ate fish yesterday.

2) Ann gave a big party on 6th June.

3) We didn't have time on Friday.

Zeitformen der Vergangenheit
Signalwörter *yesterday, when?, ago* usw.

E 203

1) The taxi didn't cost so much last time.

2) They didn't have a holiday in 2002.

3) The postman brought these two letters ten minutes ago.

Zeitformen der Vergangenheit
Signalwörter *yesterday, when?, ago* usw.

E 204

1) five days ago

2) a / one month ago

3) an / one hour ago

4) ten minutes ago

Zeitformen der Vergangenheit
Signalwörter *yesterday, when?, ago* usw. **E 205**

Übersetzen Sie. Verwenden Sie die englische Vergangenheitsform.

1) Wann sind Sie angekommen?

2) Wir haben das Haus vor vier Jahren gekauft.

3) Herr Smith ist vor zwei Tagen gestorben.

Zeitformen der Vergangenheit
Signalwörter *yesterday, when?, ago* usw. **E 206**

Übersetzen Sie. Verwenden Sie die englische Vergangenheitsform.

1) Ann und Ian haben 2001 geheiratet.

2) Ich habe diesen Film letztes Jahr im Kino gesehen.

3) Wir haben am Samstag Dennis getroffen.

Zeitformen der Vergangenheit
Verlaufsform der Vergangenheit **E 207**

Ergänzen Sie das Verb in der Verlaufsform der Vergangenheit.

1) I saw Lynn today. She . . . (*talk*) to a friend.

2) Ann looked great. She . . . (*wear*) a long dress.

3) It was fantastic. People . . . (*dance*) in the streets.

Zeitformen der Vergangenheit
Verlaufsform der Vergangenheit **E 208**

Ergänzen Sie das Verb in der Verlaufsform der Vergangenheit.

1) It was lunchtime, so parents . . . (*wait*) outside school for their children.

2) It was a warm evening and we . . . (*sit*) in the garden.

3) You . . . (*smoke*). I saw you.

Zeitformen der Vergangenheit
Signalwörter *yesterday, when?, ago* usw. **E 205**

1) When did you arrive?

2) We bought the house four years ago.

3) Mr Smith died two days ago.

Zeitformen der Vergangenheit
Signalwörter *yesterday, when?, ago* usw. **E 206**

1) Ann and Ian married / got married in 2001.

2) I saw this film last year at the cinema.

3) We met Dennis on Saturday.

Zeitformen der Vergangenheit
Verlaufsform der Vergangenheit **E 207**

1) I saw Lynn today. She *was talking* to a friend.

2) Ann looked great. She *was wearing* a long dress.

3) It was fantastic. People *were dancing* in the streets.

Zeitformen der Vergangenheit
Verlaufsform der Vergangenheit **E 208**

1) It was lunchtime, so parents *were waiting* outside school for their children.

2) It was a warm evening and we *were sitting* in the garden.

3) You *were smoking*. I saw you.

Zeitformen der Vergangenheit
Verlaufsform der Vergangenheit

E 209

Widersprechen Sie. Beispiel: *You were smoking.* →
I wasn't smoking. I was chewing (*chew*) bubblegum!

1) It was raining. – It . . . . The sun . . . (*shine*)!

2) Ann was buying something. – She . . . anything.
She . . . (*just look*).

3) You were surfing. – I . . . . I . . . (*write*) an e-mail!

Zeitformen der Vergangenheit
Verlaufsform der Vergangenheit

E 210

Widersprechen Sie. Beispiel: *You were smoking.* →
I wasn't smoking. I was chewing (*chew*) bubblegum!

1) They were working. – They . . . . They . . . (*talk*).

2) Dave was cooking. – He . . . . He . . . (*wash up*).

3) We were playing cards. – We . . . cards. We . . .
(*watch*) football!

Zeitformen der Vergangenheit
Verlaufsform der Vergangenheit

E 211

Ergänzen Sie die Fragen und Antworten in der Verlaufsform der Vergangenheit.

1) Why . . . (*they / laugh*)? – Jane . . . (*tell*) jokes.

2) Where . . . (*you / live*) at the time? – In London.

3) What . . . (*you / do*) in Castle Street this morning?
– I . . . (*try*) to find somewhere to park!

Zeitformen der Vergangenheit
Verlaufsform der Vergangenheit

E 212

Ergänzen Sie die Fragen und Antworten in der Verlaufsform der Vergangenheit.

1) Why . . . (*she / wear*) that dress? – She . . . (*go*)
to a wedding.

2) . . . (*you / wait*) for someone? – Yes, I . . . (*wait*)
for a friend.

3) . . . (*David / drive*)? – No, he . . . (*sit*) in the back.

Zeitformen der Vergangenheit — E 209
Verlaufsform der Vergangenheit

1) It was raining. – *It wasn't raining. The sun was shining!*

2) Ann was buying something. – *She wasn't buying anything. She was just looking.*

3) You were surfing. – *I wasn't surfing. I was writing an e-mail!*

Zeitformen der Vergangenheit — E 210
Verlaufsform der Vergangenheit

1) They were working. *They weren't working. They were talking.*

2) Dave was cooking. – *He wasn't cooking. He was washing up.*

3) We were playing cards. – *We weren't playing cards. We were watching football!*

Zeitformen der Vergangenheit — E 211
Verlaufsform der Vergangenheit

1) Why *were they laughing*? – Jane *was telling* jokes.

2) Where *were you living* at the time? – In London.

3) What *were you doing* in Castle Street this morning? – I *was trying* to find somewhere to park!

Zeitformen der Vergangenheit — E 21
Verlaufsform der Vergangenheit

1) Why *was she wearing* that dress? – She *was going* to a wedding.

2) *Were you waiting* for someone? – Yes, I *was waitin* for a friend.

3) *Was David driving?* – No, he *was sitting* in the bac

Zeitformen der Vergangenheit
Verlaufsform der Vergangenheit

E 213

Übersetzen Sie ins Englische. Die Verben stehen in der Verlaufsform.

1) It was a beautiful day. *Die Vögel sangen und die Sonne schien.*
2) A policeman was already there. *Er interviewte den Inhaber des Ladens.*
3) I thought of you this morning. *Was hast du um 8 Uhr gemacht?*

Zeitformen der Vergangenheit
Verlaufsform der Vergangenheit

E 214

Übersetzen Sie ins Englische. Die Verben stehen in der Verlaufsform.

1) It was 12 minutes past three when we got to the station. *Der Zug fuhr gerade los.*
2) The train was awfully full. *Menschen standen in den Gängen* (gangways). *Einige saßen auf dem Boden.*
3) We weren't expecting visitors. *Wir trugen unsere ältesten Sachen. Wir arbeiteten im Garten.*

Zeitformen der Vergangenheit
Verlaufsform der Vergangenheit

E 215

Welche Form ist richtig?

1) I . . . a bath when the phone . . . .
   - ■ had ■ rang
   - ■ was having ■ was ringing

2) Mary . . . an accident when she . . . to work yesterday morning.
   - ■ saw ■ drove
   - ■ was seeing ■ was driving

Zeitformen der Vergangenheit
Verlaufsform der Vergangenheit

E 216

Welche Form ist richtig?

) When Bill . . . outside, lots of people . . . at the taxi stand.
   - ■ went ■ waited
   - ■ was going ■ were waiting

) We . . . dinner in the restaurant when Dave . . . in.
   - ■ had ■ came
   - ■ were having ■ was coming

Zeitformen der Vergangenheit
Verlaufsform der Vergangenheit

E 213

1) It was a beautiful day. *The birds were singing and the sun was shining.*

2) A policeman was already there. *He was interviewing the owner of the shop.*

3) I thought of you this morning. *What were you doing at 8 o'clock?*

Zeitformen der Vergangenheit
Verlaufsform der Vergangenheit

E 214

1) It was 12 minutes past three when we got to the station. *The train was just leaving.*

2) The train was awfully full. *People were standing in the gangways. Some were sitting on the floor.*

3) We weren't expecting visitors. *We were wearing our oldest things. We were working in the garden.*

Zeitformen der Vergangenheit
Verlaufsform der Vergangenheit

E 215

1) I *was having* a bath when the phone *rang*.

2) Mary *saw* an accident when she *was driving* to work yesterday morning.

Zeitformen der Vergangenheit
Verlaufsform der Vergangenheit

E 216

1) When Bill *went* outside, lots of people *were waiting* at the taxi stand.

2) We *were having* dinner in the restaurant when Dave *came* in.

Zeitformen der Vergangenheit
Verlaufsform der Vergangenheit

E 217

Verwenden Sie die Verlaufsform der Vergangenheit für die Hintergrundsituation, die einfache Form für die Unterbrechung.

1) I . . . (*have*) a shower when the guests . . . (*arrive*).

2) We . . . (*eat*) when all the lights suddenly . . . (*go*) out.

3) The bomb . . . (*explode*) near a bus-stop where people . . . (*wait*) for a bus.

Zeitformen der Vergangenheit
Verlaufsform der Vergangenheit

E 218

Verwenden Sie die Verlaufsform der Vergangenheit für die Hintergrundsituation, die einfache Form für die Unterbrechung.

1) I . . . (*discuss*) the new brochure with the sales manager when the designer . . . (*phone*).

2) I . . . (*wait*) for my plane when I . . . (*see*) somebody that I knew.

Zeitformen der Vergangenheit
Verlaufsform der Vergangenheit

E 219

Übersetzen Sie.

1) Als wir ankamen, schien [bereits] die Sonne.

2) Sie aß [gerade] ein Sandwich, als ich ihr das Fax brachte.

3) Ich putzte [gerade] meine Zähne, als der Briefträger kam.

Zeitformen der Vergangenheit
Verlaufsform der Vergangenheit

E 220

Übersetzen Sie.

1) Ich nahm die Post und öffnete den ersten Brief.

2) Ich las den Brief, als mein Chef hereinkam.

3) Ich las den Brief und gab ihn meinem Chef.

Zeitformen der Vergangenheit
Verlaufsform der Vergangenheit **E 217**

1) I *was having* a shower when the guests *arrived*.

2) We *were eating* when all the lights suddenly *went* out.

3) The bomb *exploded* near a bus-stop where people *were waiting* for a bus.

Zeitformen der Vergangenheit
Verlaufsform der Vergangenheit **E 218**

1) I *was discussing* the new brochure with the sales manager when the designer *phoned*.

2) I *was waiting* for my plane when I *saw* somebody that I knew.

Zeitformen der Vergangenheit
Verlaufsform der Vergangenheit **E 219**

1) When we arrived, the sun was shining.

2) She was eating a sandwich when I brought / took her the fax.

3) I was cleaning my teeth when the postman came.

Zeitformen der Vergangenheit
Verlaufsform der Vergangenheit **E 22**

1) I took the post and opened the first letter.

2) I was reading the letter when my boss came in.

3) I read the letter and gave it to my boss.

Zeitformen der Vergangenheit
Bildung des Present Perfect

E 221

Welche Form ist richtig?

1) Oh no. It . . . started to rain.
   ■ has ■ have

2) I've . . . this film before.
   ■ seen ■ saw

3) Tony and Linda . . . come. Why?
   ■ hasn't ■ haven't

Zeitformen der Vergangenheit
Bildung des Present Perfect

E 222

Welche Form ist richtig?

1) I have . . . all the exercises.
   ■ did ■ done

2) Tom . . . gone to the cinema.
   ■ has ■ is

3) They've . . . the bill.
   ■ paid ■ payed

Zeitformen der Vergangenheit
Bildung des Present Perfect

E 223

Ergänzen Sie das Present Perfect dieser regelmäßigen Verben.

1) I . . . (*accept*) their offer. The job starts in November.

2) You . . . (*not answer*) my question.

3) We . . . (*organize*) a big party for Ben's birthday.

Zeitformen der Vergangenheit
Bildung des Present Perfect

E 224

Ergänzen Sie das Present Perfect dieser regelmäßigen Verben.

1) It's good to have you back. I . . . (*miss*) you.

2) Why are all the doors open? What . . . (*happen*)?

3) It . . . (*not rain*) here. The weather is good.

Zeitformen der Vergangenheit
Bildung des Present Perfect
E 221

1) Oh no. It *has* started to rain.

2) I've *seen* this film before.

3) Tony and Linda *haven't* come. Why?

Zeitformen der Vergangenheit
Bildung des Present Perfect
E 222

1) I have *done* all the exercises.

2) Tom *has* gone to the cinema.

3) They've *paid* the bill.

Zeitformen der Vergangenheit
Bildung des Present Perfect
E 223

1) I *have accepted* their offer. The job starts in November.

2) You *haven't answered* my question.

3) We *have organized* a big party for Ben's birthday.

Zeitformen der Vergangenheit
Bildung des Present Perfect
E 224

1) It's good to have you back. I *have missed* you.

2) Why are all the doors open? What *has happened*?

3) It *hasn't rained* here. The weather is good.

Zeitformen der Vergangenheit
Bildung des Present Perfect

E 225

Ergänzen Sie das Present Perfect dieser unregelmäßigen Verben.

1) We can't get in. Ian . . . (*lose*) the key.

2) I . . . (*make*) the coffee. We can have breakfast.

3) It's Donna's birthday tomorrow. – I know, I . . . (*not forget*).

Zeitformen der Vergangenheit
Bildung des Present Perfect

E 226

Ergänzen Sie das Present Perfect dieser unregelmäßigen Verben.

1) I . . . (*drink*) two glasses. Do you think I can still drive home?

2) David . . . (*bring*) a friend with him.

3) You're Ann's brother, aren't you? We . . . (*meet*) before.

Zeitformen der Vergangenheit
Bildung des Present Perfect

E 227

Übersetzen Sie. Verwenden Sie das Present Perfect.

1) Ich habe mit (*to*) meinem Chef gesprochen.

2) Die Kinder haben gelernt zu warten.

3) Er hat die Rechnung (*bill*) nicht bezahlt.

Zeitformen der Vergangenheit
Bildung des Present Perfect

E 228

Übersetzen Sie. Verwenden Sie das Present Perfect.

) Angela hat eine neue Wohnung gefunden.

) Jemand hat unseren Parkplatz (*parking space*) genommen!

) Ich habe ihnen eine E-Mail geschrieben.

Zeitformen der Vergangenheit **E 225**
Bildung des Present Perfect

1) We can't get in. Ian *has lost* the key.

2) I *have made* the coffee. We can have breakfast.

3) It's Donna's birthday tomorrow. – I know, I *haven't forgotten*.

Zeitformen der Vergangenheit **E 226**
Bildung des Present Perfect

1) I *have drunk* two glasses. Do you think I can still drive home?

2) David *has brought* a friend with him.

3) You're Ann's brother, aren't you? We *have met* before.

Zeitformen der Vergangenheit **E 227**
Bildung des Present Perfect

1) I have spoken to my boss.

2) The children have learned / learnt to wait.

3) He hasn't paid the bill.

Zeitformen der Vergangenheit **E 228**
Bildung des Present Perfect

1) Angela has found a new flat.

2) Someone/-body has taken our parking space!

3) I have written them an email.

Zeitformen der Vergangenheit
Present Perfect mit *Have you ever ... ?* **E 229**

Ergänzen Sie *have, has, haven't* oder *hasn't.*

1) . . . you ever been to Scotland? – No, I . . . .

2) . . . Ben ever asked you for money? – No, he . . . .

3) . . . this train ever arrived on time? – Yes, of course it . . . .

Zeitformen der Vergangenheit
Present Perfect mit *Have you ever ... ?* **E 230**

Ergänzen Sie *have, has, haven't* oder *hasn't.*

1) . . . the Boltons ever invited you to a party? – No, they . . . .

2) . . . we ever done this before? – Yes, we . . . .

3) . . . you ever seen a fox here? – Yes, I . . . . Often.

Zeitformen der Vergangenheit
Present Perfect mit *Have you ever ... ?* **E 231**

Ergänzen Sie die Fragen und Antworten.

1) Have you ever . . . (*be*) to Italy? – No, I . . . .

2) Have you ever . . . (*try*) bungee-jumping? – No, I . . . .

3) Have you ever . . . (*fly*) to another continent? – . . . .

Zeitformen der Vergangenheit
Present Perfect mit *Have you ever ... ?* **E 232**

Ergänzen Sie die Frage (immer Present Perfect) und die Antwort (immer Vergangenheitsform).

1) . . . (*you / ever / be*) to Africa? – Yes, I . . . (*go*) to Egypt in 1999. I . . . (*see*) the pyramids.

2) . . . (*you / ever / buy*) something on the internet? – Yes, often. Last week I . . . (*buy*) a new telephone. I . . . (*pay*) by credit card.

Zeitformen der Vergangenheit
Present Perfect mit *Have you ever ... ?* **E 229**

1) *Have* you ever been to Scotland? – No, I *haven't*.

2) *Has* Ben ever asked you for money? – No, he *hasn't*.

3) *Has* this train ever arrived on time? – Yes, of course it *has*.

Zeitformen der Vergangenheit
Present Perfect mit *Have you ever ... ?* **E 230**

1) *Have* the Boltons ever invited you to a party? – No, they *haven't*.

2) *Have* we ever done this before? – Yes, we *have*.

3) *Have* you ever seen a fox here? – Yes, I *have*. Often.

Zeitformen der Vergangenheit
Present Perfect mit *Have you ever .... ?* **E 231**

1) Have you ever *been* to Italy? – No, I *haven't*.

2) Have you ever *tried* bungee-jumping? – No, I *haven't*.

3) Have you ever *flown* to another continent? – No, I *haven't*.

Zeitformen der Vergangenheit
Present Perfect mit *Have you ever ... ?* **E 23**

1) *Have you ever been* to Africa? – Yes, I *went* to Egypt in 1999. I *saw* the pyramids.

2) *Have you ever bought* something on the internet? – Yes, often. Last week I *bought* a new telephone. I *paid* by credit card.

Zeitformen der Vergangenheit
Present Perfect mit *Have you ever ... ?*

E 233

Ergänzen Sie die Frage (immer Present Perfect) und die Antwort (immer Vergangenheitsform).

1) . . . (*Tony / ever / see*) you in that outfit? – Of course. I . . . (*wear*) it last Saturday. We . . . (*be*) at a concert together.

2) . . . (*we / ever / have*) snow in June? – Not here, but we . . . (*have*) some in Switzerland last year.

Zeitformen der Vergangenheit
Present Perfect mit *Have you ever ... ?*

E 234

Übersetzen Sie.

1) Waren Sie schon einmal in Australien?

2) Letztes Wochenende sind wir nach Paris gefahren.

Zeitformen der Vergangenheit
Present Perfect mit *Have you ever ... ?*

E 235

Übersetzen Sie.

1) Waren Sie schon einmal in den USA? – Ja. Ich bin 2002 (*in 2002*) in Florida gewesen.

2) Ann war [schon einmal] in Kanada. Sie war vor zwei Jahren in Toronto.

Zeitformen der Vergangenheit
Signalwörter für das Present Perfect

E 236

Übersetzen Sie die deutsche Zeitbestimmung.

1) We haven't seen Claire much . . . (*in letzter Zeit*).

2) Have they paid . . . (*schon*)? – No, they're late.

3) Hurry up! The first guests have . . . (*schon*) arrived!

4) I have eaten Indonesian food . . . (*schon mal*).

Zeitformen der Vergangenheit
E 233

Present Perfect mit *Have you ever ... ?*

1) *Has Tony ever seen* you in that outfit? – Of course. I *wore* it last Saturday. We *were* at a concert together.

2) *Have we ever had* snow in June? – Not here, but we *had* some in Switzerland last year.

Zeitformen der Vergangenheit
E 234

Present Perfect mit *Have you ever ... ?*

1) Have you ever been to Australia?

2) Last weekend we went to Paris.

Zeitformen der Vergangenheit
E 235

Present Perfect mit *Have you ever ... ?*

1) Have you ever been to the USA? – Yes, I have. I went to Florida in 2002.

2) Ann has been to Canada. She went to Toronto two years ago.

Zeitformen der Vergangenheit
E 236

Signalwörter für das Present Perfect

1) We haven't seen Claire much *lately / recently*.

2) Have they paid *yet*? – No, they're late.

3) Hurry up! The first guests have *already* arrived!

4) I have eaten Indonesian food *before*.

Zeitformen der Vergangenheit
Signalwörter für das Present Perfect

E 237

Antworten Sie im Present Perfect mit der angegebenen Zeitbestimmung.

1) Can you tell Paul, please? – I . . . (*already* / *tell*) him.

2) Sorry I'm late. – It's OK. We . . . (*not start* / *yet*).

3) We can't go in this rain. – It's OK. It . . . (*just* / *stop*).

Zeitformen der Vergangenheit
Signalwörter für das Present Perfect

E 238

Antworten Sie im Present Perfect mit der angegebenen Zeitbestimmung.

1) Can we go? – No. I . . . (*not find my keys* / *yet*).

2) Let's buy it. – No. We . . . (*already* / *spend*) $500.

3) How's Ann? – I don't know. I . . . (*not see her* / *lately*).

Zeitformen der Vergangenheit
Signalwörter für das Present Perfect

E 239

Übersetzen Sie die deutsche Zeitbestimmung und ergänzen Sie das Present Perfect.

1) Peter . . . (*do*) this . . . (*schon mal*). Many times.

2) . . . (*you* / *tell*) your parents, . . . (*schon*)?

3) Mrs Watson . . . (*arrive* / *schon*). She's waiting in your office.

Zeitformen der Vergangenheit
Signalwörter für das Present Perfect

E 240

Übersetzen Sie die deutsche Zeitbestimmung und ergänzen Sie das Present Perfect.

1) We . . . (*not have*) this problem very often . . . (*in letzter Zeit*).

2) I . . . (*see*) this film . . . (*schon einmal*).

3) We . . . (*have*) a lot of rain . . . (*in letzter Zeit*).

Zeitformen der Vergangenheit
Signalwörter für das Present Perfect

E 237

1) Can you tell Paul, please? – I *have already told* him.

2) Sorry I'm late. – It's OK. We *haven't started yet.*

3) We can't go in this rain. – It's OK. *It has just stopped.*

Zeitformen der Vergangenheit
Signalwörter für das Present Perfect

E 238

1) Can we go? – No. I *haven't found my keys yet.*

2) Let's buy it. – No. We *have already spent* $500.

3) How's Ann? – I don't know. I *haven't seen her lately.*

Zeitformen der Vergangenheit
Signalwörter für das Present Perfect

E 239

1) Peter *has done* this *before*. Many times.

2) *Have you told* your parents, *yet?*

3) Mrs Watson *has already arrived*. She's waiting in your office.

Zeitformen der Vergangenheit
Signalwörter für das Present Perfect

E 240

1) We *haven't had* this problem very often *lately / recently.*

2) I *have seen* this film *before.*

3) We *have had* a lot of rain *lately / recently.*

Zeitformen der Vergangenheit
Signalwörter für das Present Perfect

E 241

Present Perfect oder Vergangenheitsform?

1) I . . . (*always / want*) to see the Grand Canyon.

2) We . . . (*go*) to Peru last year.

3) My brother . . . (*go*) to Canada two years ago.

4) I . . . (*see*) this film in London last summer.

Zeitformen der Vergangenheit
Signalwörter für das Present Perfect

E 242

Present Perfect oder Vergangenheitsform?

1) Angela . . . (*not come*) home yet.

2) When . . . (*this letter / arrive*)?

3) This problem is new. This . . . (*not happen*) before.

4) Bill . . . (*start*) a diet last week. He . . . (*lose*) 3 kg so far.

Zeitformen der Vergangenheit
Present Perfect oder Vergangenheitsform?

E 243

Ergänzen Sie einmal das Present Perfect und einmal die Vergangenheitsform.

1) Joe . . . ; he . . . to London two months ago. (*move*)

2) The price . . . up; it . . . up last week. (*go*)

3) All my friends . . . the film, and I . . . it last weekend. (*see*)

Zeitformen der Vergangenheit
Present Perfect oder Vergangenheitsform?

E 244

Ergänzen Sie einmal das Present Perfect und einmal die Vergangenheitsform.

1) I . . .n't . . . Dave yet, but I . . . Alan yesterday. (*tell*)

2) We . . . 600 last week, so we . . . over 2000 altogether so far. (*sell*)

3) The rain . . . ; it . . . five minutes ago. (*stop*)

Zeitformen der Vergangenheit
Signalwörter für das Present Perfect — E 241

1) I *have always wanted* to see the Grand Canyon.

2) We *went* to Peru last year.

3) My brother *went* to Canada two years ago.

4) I *saw* this film in London last summer.

Zeitformen der Vergangenheit
Signalwörter für das Present Perfect — E 242

1) Angela *hasn't come* home yet.

2) When *did this letter arrive*?

3) This problem is new. This *hasn't happened* before.

4) Bill *started* a diet last week. He *has lost* 3 kg so far.

Zeitformen der Vergangenheit
Present Perfect oder Vergangenheitsform? — E 243

1) Joe *has moved*; he *moved* to London two months ago.

2) The price *has gone* up; it *went* up last week.

3) All my friends *have seen* the film, and I *saw* it last weekend.

Zeitformen der Vergangenheit
Present Perfect oder Vergangenheitsform? — E 244

1) I *haven't told* Dave yet, but I *told* Alan yesterday.

2) We *sold* 600 last week, so we *have sold* over 2000 altogether so far.

3) The rain *has stopped*; it *stopped* five minutes ago.

Zeitformen der Vergangenheit
Present Perfect oder Vergangenheitsform? E 245

Ist das kursiv (= schräg) Gedruckte richtig oder falsch? Wenn falsch, berichtigen Sie.

1) I *have been* to New Zealand last year.

2) We are going to Sweden. I *wasn't* there before.

3) The weather *has been* very good lately.

Zeitformen der Vergangenheit
Present Perfect oder Vergangenheitsform? E 246

Ist das kursiv (= schräg) Gedruckte richtig oder falsch? Wenn falsch, berichtigen Sie.

1) My boss *has flown* to Houston on Saturday. He's back tomorrow.

2) I always *lived* here. All my life.

3) I have been to Canada. But I *was never in* the USA.

Zeitformen der Vergangenheit
Present Perfect oder Vergangenheitsform? E 247

Übersetzen Sie.

1) The hospital . . . (*hat angerufen*) five minutes ago. Toby . . . (*hatte*) a car accident and is badly hurt.

2) Mr Swinson . . . (*hat gearbeitet*) for Siemens before he . . . (*ist gekommen*) here in September 2000.

Zeitformen der Vergangenheit
Present Perfect oder Vergangenheitsform? E 248

Übersetzen Sie.

1) I . . . (*habe gepackt*) the children's things last night, but I . . . (*habe nicht gepackt*) my things yet.

2) Our neighbours . . . (*sind gewesen in*) Australia three times. The last time they . . . (*sind geflogen*) with Quantas, via Bangkok.

Zeitformen der Vergangenheit
Present Perfect oder Vergangenheitsform? E 245

1) *falsch, richtig ist:*
I *went* to New Zealand last year.

2) *falsch, richtig ist:*
We are going to Sweden. I *haven't been* there before.

3) *richtig*

Zeitformen der Vergangenheit
Present Perfect oder Vergangenheitsform? E 246

1) *falsch, richtig ist:*
My boss *flew* to Houston on Saturday. He's back tomorrow.

2) *falsch, richtig ist:*
I *have always lived* here. All my life.

3) *falsch, richtig ist:*
I have been to Canada. But I *have never been to* the USA.

Zeitformen der Vergangenheit
Present Perfect oder Vergangenheitsform? E 247

1) The hospital *phoned / called / rang* five minutes ago. Toby *has had* a car accident and is badly hurt.

2) Mr Swinson *worked* for Siemens before he *came* here in September 2000.

Zeitformen der Vergangenheit
Present Perfect oder Vergangenheitsform? E 248

1) I *packed* the children's things last night, but I *haven't packed* my things yet.

2) Our neighbours *have been to* Australia three times. The last time they *flew* with Quantas, via Bangkok.

Zeitformen der Vergangenheit
Present Perfect mit *since* und *for*

E 249

Ergänzen Sie *since* oder *for*.

1) . . . 1947

2) . . . Wednesday

3) . . . two weeks

4) . . . 15 minutes

Zeitformen der Vergangenheit
Present Perfect mit *since* und *for*

E 250

Ergänzen Sie *since* oder *for*.

1) . . . yesterday

2) . . . 7.15

3) . . . half past two

4) . . . three months

Zeitformen der Vergangenheit
Present Perfect mit *since* und *for*

E 251

Korrigieren Sie.

1) They ~~are~~ friends for many years.

2) We ~~know~~ each other since we were 15.

3) My mother ~~is~~ in hospital for more than two months.

Zeitformen der Vergangenheit
Present Perfect mit *since* und *for*

E 252

Korrigieren Sie.

) Mrs Bolton ~~works~~ here now for seven years.

) Peter ~~is~~ in the Peking office since 1st April.

) Bonnie ~~has~~ a terrible cold since the weekend.

Zeitformen der Vergangenheit
Present Perfect mit *since* und *for* **E 249**

1) *since* 1947

2) *since* Wednesday

3) *for* two weeks

4) *for* 15 minutes

Zeitformen der Vergangenheit
Present Perfect mit *since* und *for* **E 250**

1) *since* yesterday

2) *since* 7.15

3) *since* half past two

4) *for* three months

Zeitformen der Vergangenheit
Present Perfect mit *since* und *for* **E 251**

1) They *have been* friends for many years.

2) We *have known* each other since we were 15.

3) My mother *has been* in hospital for more than two months.

Zeitformen der Vergangenheit
Present Perfect mit *since* und *for* **E 252**

1) Mrs Bolton *has worked* here now for seven years.

2) Peter *has been* in the Peking office since 1st April.

3) Bonnie *has had* a terrible cold since the weekend.

Zeitformen der Vergangenheit
Present Perfect mit *since* und *for*

E 253

Ergänzen Sie das Present Perfect und *since* oder *for*.

1) Sarah . . . (*be*) on a diet . . . last week.

2) My partner and I . . . (*be*) together . . . two years now.

3) They . . . (*live*) in London . . . over a year.

4) I . . . (*know*) Ellen . . . we were together at school!

Zeitformen der Vergangenheit
Present Perfect mit *since* und *for*

E 254

Ergänzen Sie das Present Perfect und *since* oder *for*.

1) This . . . (*happen*) three times . . . they installed the new system.

2) Last year they opened a new road. . . . then, we . . . (*use*) a different route.

3) I . . . (*not hear*) from Barry . . . months.

Zeitformen der Vergangenheit
Present Perfect mit *since* und *for*

E 255

Übersetzen Sie.

1) Wir kennen Peter Hollis seit 1999.

2) Mrs Thomas arbeitet für uns seit sechs Monaten.

3) Er ist seit Sonntag krank.

Zeitformen der Vergangenheit
Present Perfect mit *since* und *for*

E 256

Übersetzen Sie.

1) Marys Mann ist seit mehreren (*several*) Jahren tot.

2) Wir wissen seit langem von dieser Organisation.

3) Ich habe seit heute Morgen Kopfschmerzen.

Zeitformen der Vergangenheit
Present Perfect mit *since* und *for*

E 253

1) Sarah *has been* on a diet *since* last week.

2) My partner and I *have been* together *for* two years now.

3) They *have lived* in London *for* over a year.

4) I *have known* Ellen *since* we were together at school!

Zeitformen der Vergangenheit
Present Perfect mit *since* und *for*

E 254

1) This *has happened* three times *since* they installed the new system.

2) Last year they opened a new road. *Since* then, we *have used* a different route.

3) I *haven't heard* from Barry *for* months.

Zeitformen der Vergangenheit
Present Perfect mit *since* und *for*

E 255

1) We have known Peter Hollis since 1999.

2) Mrs Thomas has worked for us for six months.

3) He has been ill since Sunday.

Zeitformen der Vergangenheit
Present Perfect mit *since* und *for*

E 25

1) Mary's husband has been dead for several years.

2) We have known for a long time about this organization. / We have known about this organization for a long time.

3) I have had a headache since this morning.

Zeitformen der Vergangenheit **E 257**
Present Perfect mit *How long ... ?*

Korrigieren Sie. Setzen Sie das Verb ins Present Perfect.

1) How long ~~do~~ you ~~know~~ Mr Ling?

2) How long ~~is~~ Alex ill now?

3) How long ~~are~~ Peter and Jill married now?

Zeitformen der Vergangenheit **E 258**
Present Perfect mit *How long ... ?*

Korrigieren Sie. Setzen Sie das Verb ins Present Perfect.

1) How long ~~do~~ you ~~know~~ this?

2) How long ~~do~~ they ~~have~~ this problem?

3) How long ~~are~~ you ~~back~~ from your holiday?

Zeitformen der Vergangenheit **E 259**
Present Perfect mit *How long ... ?*

Bilden Sie passende Fragen mit *How long ... ?* und dem Present Perfect.
Ed is away on holiday. – *How long has he been away?*

1) Peter has a VW Beetle. – . . .

2) I know Annabelle. – . . .

3) We use a courier service. – . . .

Zeitformen der Vergangenheit **E 260**
Present Perfect mit *How long ... ?*

Bilden Sie passende Fragen mit *How long ... ?* und dem Present Perfect.
Ed is away on holiday. – *How long has he been away?*

1) They have a dog. – . . .

2) We live on an island. – . . .

3) Tom works in a hotel. – . . .

Zeitformen der Vergangenheit
Present Perfect mit *How long ... ?*

E 257

1) How long *have* you *known* Mr Ling?

2) How long *has* Alex *been* ill now?

3) How long *have* Peter and Jill *been* married now?

Zeitformen der Vergangenheit
Present Perfect mit *How long ... ?*

E 258

1) How long *have* you *known* this?

2) How long *have* they *had* this problem?

3) How long *have* you *been* back from your holiday?

Zeitformen der Vergangenheit
Present Perfect mit *How long ... ?*

E 259

1) How long *has he had that / it / a VW Beetle*?

2) How long *have you known her / Annabelle*?

3) How long *have you used that / it / a courier service*?

Zeitformen der Vergangenheit
Present Perfect mit *How long ... ?*

E 26

1) How long *have they had it / one / a dog*?

2) How long *have you lived there / on an island*?

3) How long *has he worked there / in a hotel*?

Zeitformen der Vergangenheit
Present Perfect mit *How long ... ?*

E 261

Übersetzen Sie.

1) Wie lange kennen Sie Mr Jameson [schon]?

2) Mary ist [schon] die ganze Woche krank.

3) Ich bin [schon] den ganzen Morgen [lang] hier.

Zeitformen der Vergangenheit
Present Perfect mit *How long ... ?*

E 262

Übersetzen Sie.

1) Wie lange fährt er diesen alten Ford [schon]?

2) Wie lange hast du diese Wohnung [schon]?

3) Ich kenne diesen Ort [schon] mein ganzes Leben [lang].

Zeitformen der Vergangenheit
used to

E 263

Welche Form ist richtig?

1) I . . . play squash, but I've given it up.
■ use to ■ used to

2) Dave and Jenny . . . have a dog. Or did they?
■ didn't use to ■ used not

3) He looks different somehow. . . . have a beard?
■ Did he use to ■ Used he

Zeitformen der Vergangenheit
used to

E 264

Welche Form ist richtig?

1) Where . . . live before you came here?
■ did you use to ■ did you used

2) He . . . me red roses on Valentine's Day.
■ use to send ■ used to send

3) This seems expensive. It . . . cost so much.
■ not used to ■ didn't use to

Zeitformen der Vergangenheit **E 261**
Present Perfect mit *How long ... ?*

1) How long have you known Mr Jameson?

2) Mary has been ill all week.

3) I have been here all morning.

Zeitformen der Vergangenheit **E 262**
Present Perfect mit *How long ... ?*

1) How long has he driven this / that old Ford?

2) How long have you had this flat?

3) I have known this place all my life.

Zeitformen der Vergangenheit **E 263**
used to

1) I *used to* play squash, but I've given it up.

2) Dave and Jenny *didn't use to* have a dog. Or did they?

3) He looks different somehow. *Did he use to* have a beard?

Zeitformen der Vergangenheit **E 264**
used to

1) Where *did you use to* live before you came here?

2) He *used to send* me red roses on Valentine's Day.

3) This seems expensive. It *didn't use to* cost so much.

Zeitformen der Vergangenheit **E 265**
used to

Bilden Sie Sätze wie im Beispiel.

Tony *used to smoke* cheap cigarettes. Now he *smokes* Havana cigars.

1) He . . . an old Fiat. Now he drives a BMW.

2) He . . . in a small flat. Now he lives in a big house.

3) He . . . happy. Now he is always stressed.

Zeitformen der Vergangenheit **E 266**
used to

Übersetzen Sie. Verwenden Sie *used to.*

1) *Früher haben wir* [immer] *in Castle Street geparkt.* But we can't now.

2) *Früher mochte ich Sonia nicht.* Now I think she's sweet.

3) *Früher hatten Familien nur ein Fernsehgerät.* Now they often have two or three.

Zeitformen der Vergangenheit **E 267**
used to

Übersetzen Sie. Verwenden Sie *used to.*

1) *Früher haben wir per Brief bestellt.* Now we do it online.

2) *Früher war Lachs* (salmon) *ein teurer Fisch.* But it isn't expensive now.

3) *Wo haben Sie früher gewohnt?* Before you came here.

Zeitformen der Vergangenheit **E 268**
used to

Was haben Sie früher gemacht bzw. nicht gemacht? Wählen Sie aus diesen Stichwörtern und bilden Sie Sätze. Sprechen Sie laut.

play the piano
have long / short / blond / . . . hair
like milk / bananas / ketchup with . . . / chips / . . .
go to . . . for my holidays
have a pet / friend called . . .
be afraid of big dogs / the dark / . . .

Zeitformen der Vergangenheit **E 265**
used to

1) He *used to drive* an old Fiat. Now he drives a BMW.

2) He *used to live* in a small flat. Now he lives in a big house.

3) He *used to be* happy. Now he is always stressed.

Zeitformen der Vergangenheit **E 266**
used to

1) *We used to park in Castle Street.* But we can't now.

2) *I didn't use to like Sonia.* Now I think she's sweet.

3) *Families used to have only one television (set).* Now they often have two or three.

Zeitformen der Vergangenheit **E 267**
used to

1) *We used to order by letter.* Now we do it online.

2) *Salmon used to be an expensive fish.* But it isn't expensive now.

3) *Where did you use to live?* Before you came here.

Zeitformen der Vergangenheit **E 268**
used to

Beispiellösungen:
- I used to play the piano.
- I didn't use to have short hair.
- I used to like ketchup with chips.
- I used to go to Borkum for my holidays.
- I used to have a friend called Renate.
- I used to be afraid of the dark.

Zeitformen der Vergangenheit
Vorvergangenheit

E 269

Ergänzen Sie *had* + Partizip Perfekt.

1) I phoned Jim, but he . . . (*already leave*) the house.

2) When I arrived home, my children . . . (*already cook*) supper.

3) The police . . . (*arrive*) and an ambulance was there, too.

Zeitformen der Vergangenheit
Vorvergangenheit

E 270

Ergänzen Sie *had* + Partizip Perfekt.

1) I had to wake my husband up. He . . . (*fall*) asleep in front of the TV.

2) When she left, Mrs Philips . . . (*work*) here over 20 years.

3) I was so angry and went home. He . . . (*forget*) our date!

Zeitformen der Vergangenheit
Vorvergangenheit

E 271

Bilden Sie Sätze mit *had* + Partizip Perfekt.

The Trillings finally arrived at their hotel.

1) They . . . (*drive 700 kilometres*).

2) They . . . (*see two accidents*).

3) They . . . (*stand in a traffic jam for two hours*).

Zeitformen der Vergangenheit
Vorvergangenheit

E 272

Bilden Sie Sätze mit *hadn't* + Partizip Perfekt und *before*, z.B.:
I hadn't done that before.

1) I gave my guests paella. . . . (*cook that*).

2) On holiday we ate some raw fish. . . . (*eat that*).

3) Ann introduced me to Paul. . . . (*meet him*).

Zeitformen der Vergangenheit
E 269
Vorvergangenheit

1) I phoned Jim, but he *had already left* the house.

2) When I arrived home, my children *had already cooked* supper.

3) The police *had arrived* and an ambulance was there, too.

Zeitformen der Vergangenheit
E 270
Vorvergangenheit

1) I had to wake my husband up. He *had fallen* asleep in front of the TV.

2) When she left, Mrs Philips *had worked* here over 20 years.

3) I was so angry and went home. He *had forgotten* our date!

Zeitformen der Vergangenheit
E 271
Vorvergangenheit

1) They *had driven 700 kilometres*.

2) They *had seen two accidents.*

3) They *had stood in a traffic jam for two hours.*

Zeitformen der Vergangenheit
E 272
Vorvergangenheit

1) I gave my guests paella. *I hadn't cooked that before.*

2) On holiday we ate some raw fish. *We hadn't eaten that before.*

3) Ann introduced me to Paul. *I hadn't met him before.*

Zeitformen der Zukunft
E 297

***will / won't:* Gebrauch**

1) We decided a long time ago. We *are going to stay* here.

2) We have to agree who pays for what. I'*ll buy* the wine.

3) It's been such a hard day, I don't want to cook now. Come on, we'*ll eat* out.

Zeitformen der Zukunft
E 298

***will / won't:* Gebrauch**

1) Tony booked a table at the Green Dragon. They *are going to give* us a table by the window.

2) Sorry, I forgot. I'*ll do* it tomorrow.

3) The course is very expensive, but I've thought about it and I *am going to do* it.

Zeitformen der Zukunft
E 299

***will / won't:* Gebrauch**

1) Wait. *I'll help you.*

2) The Spanish team is very good. *I think we'll lose on Saturday.*

3) It's not far. *I'll show you the way.*

Zeitformen der Zukunft
E 30

***will / won't:* Gebrauch**

1) What would you like? – *I'll have the fish.*

2) She's not answering the phone. *I'll send her an email.*

3) I'm sorry, but I don't have any money with me. – *No problem, I'll pay.*

Zeitformen der Zukunft
E 297

will / won't: Gebrauch

Spontaner Entschluss oder vorüberlegter Entschluss? Ergänzen Sie *will* oder *going to.*

1) We decided a long time ago. We . . . (*stay*) here.

2) We have to agree who pays for what. I . . . (*buy*) the wine.

3) It's been such a hard day, I don't want to cook now. Come on, we . . . (*eat*) out.

Zeitformen der Zukunft
E 298

will / won't: Gebrauch

Spontaner Entschluss oder vorüberlegter Entschluss? Ergänzen Sie *will* oder *going to.*

1) Tony booked a table at the Green Dragon. They . . . (*give*) us a table by the window.

2) Sorry, I forgot. I . . . (*do*) it tomorrow.

3) The course is very expensive, but I've thought about it and I . . . (*do*) it.

Zeitformen der Zukunft
E 299

will / won't: Gebrauch

Übersetzen Sie. Verwenden Sie *will.*

1) Wait. *Ich helfe dir.*

2) The Spanish team is very good. *Ich glaube, wir verlieren am Samstag.*

3) It's not far. *Ich zeige Ihnen den Weg.*

Zeitformen der Zukunft
E 300

will / won't: Gebrauch

Übersetzen Sie. Verwenden Sie *will.*

1) What would you like? – *Ich nehme* (have) *den Fisch.*

2) She's not answering the phone. *Ich schicke ihr eine E-Mail.*

3) I'm sorry, but I don't have any money with me. – *Kein Problem, ich bezahle.*

Zeitformen der Vergangenheit

E 273

Vorvergangenheit

Bilden Sie Sätze mit *hadn't* + Partizip Perfekt und *before*, z.B.:
I hadn't done that before.

1) Jackie took me to a ballet. . . . (*be to one*).

2) Sonia gave me an Indian massage. . . . (*have one*).

3) At the party I wore the dress I bought in Thailand. . . . (*wear it*).

Zeitformen der Vergangenheit

E 274

Vorvergangenheit

Übersetzen Sie. Verwenden Sie *had* + Partizip Perfekt.

1) I got to the airport late. *Tims Maschine* (plane) *war schon gelandet.*

2) David phoned Anita. *Aber jemand hatte sie schon informiert.*

3) We knew the book. *Aber wir hatten den Film nicht gesehen.*

Zeitformen der Vergangenheit

E 275

Vorvergangenheit

Übersetzen Sie. Verwenden Sie *had* + Partizip Perfekt.

1) Jonathan phoned in a panic from the airport. *Er hatte seinen Pass vergessen.*

2) Elizabeth gave a big party. *Sie hatte € 5000 im Lotto* (on the lottery) *gewonnen.*

3) I was tired. *Ich hatte nicht viel geschlafen.*

Zeitformen der Zukunft

E 276

be going to

Ergänzen Sie die passende Form von *be going to*.

1) We've been out three times this week. This evening we . . . (*stay*) at home.

2) David has decided not to have a holiday in the summer. He . . . (*wait*) till September.

3) They've offered John the job and he . . . (*take*) it.

Zeitformen der Vergangenheit
Vorvergangenheit

E 273

1) Jackie took me to a ballet. *I hadn't been to one before.*

2) Sonia gave me an Indian massage. *I hadn't had one before.*

3) At the party I wore the dress I bought in Thailand. *I hadn't worn it before.*

Zeitformen der Vergangenheit
Vorvergangenheit

E 274

1) I got to the airport late. *Tim's plane had already landed.*

2) David phoned Anita. *But someone / somebody had already informed her.*

3) We knew the book. *But we hadn't seen the film.*

Zeitformen der Vergangenheit
Vorvergangenheit

E 275

1) Jonathan phoned in a panic from the airport. *He had forgotten his passport.*

2) Elizabeth gave a big party. *She had won €5000 on the lottery.*

3) I was tired. *I hadn't slept much.*

Zeitformen der Zukunft
be going to

E 27

1) We've been out three times this week. This evenin we *are going to stay* at home.

2) David has decided not to have a holiday in the summer. He *is going to wait* till September.

3) They've offered John the job and he *is going to take* it.

Zeitformen der Zukunft E 277
be going to

Ergänzen Sie die passende Form von *be going to*.

1) They are a strong team, but we . . . (*win*)!

2) I've decided I can't do it alone. I . . . (*ask*) Phil for help.

3) Dave is coming to dinner. I . . . (*make*) paella.

4) Mrs Baxter . . . (*phone*) you tomorrow.

Zeitformen der Zukunft E 278
be going to

Drücken Sie eine Weigerung mit *I'm not going to* aus.
Beispiel: *They want €250. I am not going to pay that!*

1) Mr Wills wants some coffee. – I . . . (*make*) it.

2) Someone has to work this weekend. – I . . . (*offer*).

3) Where have you been? – I . . . (*tell*) you.

Zeitformen der Zukunft E 279
be going to

Drücken Sie eine Weigerung mit *I'm not going to* aus.
Beispiel: *They want €250. I am not going to pay that.*

1) Who can feed the cat for me? – I . . . (*do*) it.

2) He says we have to pay for the repair. – I . . . (*agree*) to that.

Zeitformen der Zukunft E 280
be going to

Wie lautet die Frage? Beispiel:
I am going to watch XXXXX. – *Sorry? What are you going to watch?*

1) I am going to invite XXXXX. – Sorry? Who . . . ?

2) I'm going to wear XXXXX. – Sorry? What . . . ?

3) I'm going to see XXXXX. – Sorry? Which film . . . ?

Zeitformen der Zukunft
be going to

E 277

1) They are a strong team, but we *are going to win*!

2) I've decided I can't do it alone. I *am going to ask* Phil for help.

3) Dave is coming to dinner. I *am going to make* paella.

4) Mrs Baxter *is going to phone* you tomorrow.

Zeitformen der Zukunft
be going to

E 278

1) Mr Wills wants some coffee. *I'm not going to make it.*

2) Someone has to work this weekend. – *I'm not going to offer.*

3) Where have you been? – *I'm not going to tell you.*

Zeitformen der Zukunft
be going to

E 279

1) Who can feed the cat for me? – *I'm not going to do it.*

2) He says we have to pay for the repair. – *I'm not going to agree to that.*

Zeitformen der Zukunft
be going to

E 28

1) Sorry? Who *are you going to invite?*

2) Sorry? What *are you going to wear?*

3) Sorry? Which film *are you going to see?*

Zeitformen der Zukunft

be going to

E 281

Wie lautet die Frage? Beispiel:
I am going to watch XXXXX. – *Sorry? What are you going to watch?*

1) I'm going to park XXXXX. – Sorry? Where . . . ?

2) I'm going to give her XXX for her birthday. – Sorry? What . . . ?

Zeitformen der Zukunft

be going to

E 282

Was geschieht gleich? Schreiben Sie einen Satz mit *be going to*.

1) it / rain . . .

2) Ann / have a baby . . .

3) that car / not stop

4) there / be an accident

Zeitformen der Zukunft

Verlaufsform der Gegenwart

E 283

Ergänzen Sie die Verlaufsform der Gegenwart.

1) Steve . . . (*come*) to supper tomorrow.

2) I . . . (*meet*) Susanne for a drink after work tonight.

3) We . . . (*go*) out on Sunday. Do you want to come?

4) It's Dave's birthday next month. He . . . (*give*) a big party.

Zeitformen der Zukunft

Verlaufsform der Gegenwart

E 284

Ergänzen Sie die Verlaufsform der Gegenwart.

1) What . . . (*you / do*) this Sunday? Can we meet?

2) When . . . (*you / leave*) for Paris?

3) What time . . . (*we / meet*) tonight? At 7.30 or at 8?

4) How . . . (*you / go*) to the party tomorrow?

Zeitformen der Zukunft
be going to **E 281**

1) Sorry? Where *are you going to park?*

2) Sorry? What *are you going to give her (for her birthday)?*

Zeitformen der Zukunft
be going to **E 282**

1) It is going to rain.

2) Ann is going to have a baby.

3) That car is not going to stop.

4) There is going to be an accident.

Zeitformen der Zukunft
Verlaufsform der Gegenwart **E 283**

1) Steve *is coming* to supper tomorrow.

2) I *am meeting* Susanne for a drink after work tonight.

3) We *are going* out on Sunday. Do you want to come?

4) It's Dave's birthday next month. He *is giving* a big party.

Zeitformen der Zukunft
Verlaufsform der Gegenwart **E 284**

1) What *are you doing* this Sunday? Can we meet?

2) When *are you leaving* for Paris?

3) What time *are we meeting* tonight? At 7.30 or at 8

4) How *are you going* to the party tomorrow?

Zeitformen der Zukunft
Verlaufsform der Gegenwart

E 285

Bilden Sie Fragen nach dem Beispiel.
what / you / do / this Friday → *What are you doing this Friday?*

1) where / the members / meet / tomorrow evening

2) when / we / play / next Saturday

3) what time / we / see / the Smiths / next Sunday

Zeitformen der Zukunft
Verlaufsform der Gegenwart

E 286

Bilden Sie Fragen nach dem Beispiel.
what / you / do / this Friday → *What are you doing this Friday?*

1) when / Andrew / fetch / these chairs

2) what day / your mother / arrive

3) when / they / deliver / the new fax machine

Zeitformen der Zukunft
will / won't: Bildung

E 287

Welche Form ist richtig?

1) My son . . . a dog.
■ wants ■ will

2) Dave can help us. He . . . back soon.
■ is ■ will be

3) Can't you drive slower?! I . . . have an accident.
■ don't want to ■ won't

Zeitformen der Zukunft
will / won't: Bildung

E 288

Welche Form ist richtig?

1) Please wait here. The doctor . . . you in a minute.
■ sees ■ will see

2) If we don't hurry, we . . . our train!
■ miss ■ will miss

3) Hurry up! The teacher . . . start.
■ wants to ■ will

Zeitformen der Zukunft
E 285
Verlaufsform der Gegenwart

1) Where are the members meeting tomorrow evening?

2) When are we playing next Saturday?

3) What time are we seeing the Smiths next Sunday?

Zeitformen der Zukunft
E 286
Verlaufsform der Gegenwart

1) When is Andrew fetching these chairs?

2) What day is your mother arriving?

3) When are they delivering the new fax machine?

Zeitformen der Zukunft
E 287
will / won't: Bildung

1) My son *wants* a dog.

2) Dave can help us. He *will be* back soon.

3) Can't you drive slower?! I *don't want to* have an accident.

Zeitformen der Zukunft
E 28
will / won't: Bildung

1) Please wait here. The doctor *will see* you in a minut

2) If we don't hurry, we *will miss* our train!

3) Hurry up! The teacher *wants to* start.

Zeitformen der Zukunft
***will / won't:* Bildung** **E 289**

Korrigieren Sie. Setzen Sie eine Zukunftsform mit *will* ein.

1) You don't have to go now. Peter ~~drives~~ you home later.

2) Can I speak to Mrs Simson, please? – One moment, please. I ~~put~~ you through.

3) Come this way, please. I ~~show~~ you your room.

Zeitformen der Zukunft
***will / won't:* Bildung** **E 290**

Korrigieren Sie. Setzen Sie eine Zukunftsform mit *will* ein.

1) I think Mark ~~phones~~ later this evening.

2) Quick, or the shop ~~close~~.

3) Would you like a cup of coffee while you wait? Mrs Wilkins ~~is~~ here very soon.

Zeitformen der Zukunft
***will / won't:* Bildung** **E 291**

Übersetzen Sie. Verwenden Sie *will* und *won't*.

1) Du wirst sehen: wir gewinnen am Samstag.

2) Morgen wissen wir mehr.

3) Mr Baker ruft morgen zurück.

Zeitformen der Zukunft
***will / won't:* Bildung** **E 292**

Übersetzen Sie. Verwenden Sie *will* und *won't*.

1) Morgen fühlt er [sich] viel besser.

2) Sally ist in fünf Minuten hier.

3) In Zukunft werde ich vorsichtiger sein. Es passiert nicht wieder.

Zeitformen der Zukunft
***will / won't:* Bildung**

E 289

1) You don't have to go now. Peter *will drive* you home later.

2) Can I speak to Mrs Simson, please? – One moment, please. I'*ll put* you through.

3) Come this way, please. *I'll show* you your room.

Zeitformen der Zukunft
***will / won't:* Bildung**

E 290

1) I think Mark *will phone* later this evening.

2) Quick, or the shop *will close.*

3) Would you like a cup of coffee while you wait? Mrs Wilkins *will be* here very soon.

Zeitformen der Zukunft
***will / won't:* Bildung**

E 291

1) You'll see: we'll win on Saturday.

2) We'll know more tomorrow.

3) Mr Baker will call back tomorrow.

Zeitformen der Zukunft
***will / won't:* Bildung**

E 29

1) Tomorrow he'll feel much better.

2) Sally will be here in five minutes.

3) In future I'll be more careful. It won't happen again.

Zeitformen der Zukunft
will / won't: Gebrauch

E 293

Ergänzen Sie die *will*-Zukunft.

1) I think . . . (*I / wait*) till the others are ready.

2) I don't think . . . (*we / find out*) much from the neighbours.

3) I expect . . . (*Richard / be*) at the party.

Zeitformen der Zukunft
will / won't: Gebrauch

E 294

Ergänzen Sie die *will*-Zukunft.

1) I'm sure . . . (*the police / find*) it.

2) I'm afraid . . . (*we / miss*) our train.

3) I hope . . . (*it / not rain*).

Zeitformen der Zukunft
will / won't: Gebrauch

E 295

Machen Sie Angebote mit *I'll* ...
Beispiel:
We ought to book a table. – (*do*) → *I'll do it.*

1) Perhaps Philip knows the address. – (*ask*) . . .

2) This bag is so heavy. – (*carry*) . . . for you.

3) Does anybody want this last sandwich? – (*eat*) . . .

Zeitformen der Zukunft
will / won't: Gebrauch

E 296

Machen Sie Angebote mit *I'll* ...
Beispiel:
We ought to book a table. – (*do*) → *I'll do it.*

1) It's very hot in here. – (*open*) . . . the window.

2) Let's have a break. – (*make*) . . . some coffee.

3) It's time to go, but Dave isn't here. – (*wait*) . . . for him.

Zeitformen der Zukunft
will / won't: Gebrauch

E 293

1) I think *I'll wait* till the others are ready.

2) I don't think *we'll find out* much from the neighbours.

3) I expect *Richard will be* at the party.

Zeitformen der Zukunft
will / won't: Gebrauch

E 294

1) I'm sure *the police will find* it.

2) I'm afraid *we'll miss* our train.

3) I hope *it won't rain*.

Zeitformen der Zukunft
will / won't: Gebrauch

E 295

1) Perhaps Philip knows the address. – *I'll ask him.*

2) This bag is so heavy. – *I'll carry it* for you.

3) Does anybody want this last sandwich? – *I'll eat it.*

Zeitformen der Zukunft
will / won't: Gebrauch

E 29

1) It's very hot in here. – *I'll open* the window.

2) Let's have a break. – *I'll make* some coffee.

3) It's time to go, but Dave isn't here. – *I'll wait* for him.

Das Passiv
Bildung

E 301

Welche Form ist richtig?

1) Wine . . . in bottles.
   ■ is sell ■ is sold

2) The bill . . . yesterday evening.
   ■ is paid ■ was paid

3) The new sofa . . . tomorrow.
   ■ will be delivered ■ will deliver

Das Passiv
Bildung

E 302

Welche Form ist richtig?

1) My camera . . . .
   ■ is stolen ■ has been stolen

2) These books . . . yesterday.
   ■ are ordered ■ were ordered

3) Reserved tickets . . . before 7.30.
   ■ must be collected ■ must collected

Das Passiv
Bildung

E 303

Welche Form ist richtig?

1) Euros . . . everywhere.
   ■ isn't accepted ■ aren't accepted

2) The bill . . . .
   ■ is been paid ■ has been paid

3) My colleague . . . .
   ■ is been fired ■ has been fired

Das Passiv
Bildung

E 304

Ergänzen Sie die Gegenwartsform des Passivs.

1) English . . . (*speak*) in many different countries.

2) White wine . . . (*drink*) at a lower temperature than red.

3) Beer . . . (*sell*) in bottles or cans.

Das Passiv
Bildung

E 301

1) Wine *is sold* in bottles.

2) The bill *was paid* yesterday evening.

3) The new sofa *will be delivered* tomorrow.

Das Passiv
Bildung

E 302

1) My camera *has been stolen.*

2) These books *were ordered* yesterday.

3) Reserved tickets *must be collected* before 7.30.

Das Passiv
Bildung

E 303

1) Euros *aren't accepted* everywhere.

2) The bill *has been paid.*

3) My colleague *has been fired.*

Das Passiv
Bildung

E 30

1) English *is spoken* in many different countries.

2) White wine *is drunk* at a lower temperature than red.

3) Beer *is sold* in bottles or cans.

Das Passiv
Bildung

E 305

Ergänzen Sie die Gegenwartsform des Passivs.

1) Passengers . . . (*ask*) not to smoke.

2) In England presents . . . (*give*) on the morning of December 25th.

3) Cheese . . . (*make*) from milk.

Das Passiv
Bildung

E 306

Verwandeln Sie in einen Passivsatz in der Vergangenheit. Beispiel:
(We) sent it yesterday. → *It was sent yesterday.*

1) (Someone) saw the thief.

2) (The police) arrested two men last night.

3) (They) sold over 50000 CDs on the first day.

Das Passiv
Bildung

E 307

Verwandeln Sie in einen Passivsatz in der Vergangenheit. Beispiel:
We) sent it yesterday. → *It was sent yesterday.*

) (The author) wrote the book in 1928.

) (They) killed over 3000 civilians.

) (They) opened the new museum last year.

as Passiv
ildung

E 308

erwandeln Sie in einen Passivsatz im Present erfect. Beispiel:
hey) haven't invited me. → *I haven't been invited.*

(They) have sold all the tickets.

(Someone) has found the keys.

(They) have informed us.

Das Passiv
Bildung

E 305

1) Passengers *are asked* not to smoke.

2) In England presents *are given* on the morning of December 25th.

3) Cheese *is made* from milk.

Das Passiv
Bildung

E 306

1) The thief *was seen*.

2) Two men *were arrested* last night.

3) Over 50000 CDs *were sold* on the first day.

Das Passiv
Bildung

E 307

1) The book *was written* in 1928.

2) Over 3000 civilians *were killed*.

3) The new museum *was opened* last year.

Das Passiv
Bildung

E 30

1) All the tickets *have been sold*.

2) The keys *have been found*.

3) We *have been informed*.

Das Passiv
Bildung

E 309

Verwandeln Sie in einen Passivsatz im Present Perfect. Beispiel:
(They) haven't invited me. → *I haven't been invited.*

1) (Someone) has already made coffee.

2) (Someone) has booked the whole restaurant.

3) (They) have asked me to help.

Das Passiv
Bildung

E 310

Übersetzen Sie. Verwenden Sie die Infinitivform des Passivs.

1) Bags . . . (*können hinterlassen werden*) at reception.

2) Bills . . . (*müssen bezahlt werden*) at once.

3) Everybody . . . (*wird informiert werden*) by e-mail or by phone.

Das Passiv
Bildung

E 311

Übersetzen Sie. Verwenden Sie die Infinitivform des Passivs.

1) Brochures . . . (*können bestellt werden*) online.

2) Cars . . . (*müssen geparkt werden*) in the official car-park.

3) The box . . . (*kann benutzt werden*) again.

as Passiv
rheber mit *by*

E 312

orrigieren Sie.

) The match was won ~~from~~ Bayern Munich.

) Who was this book written ~~from~~?

The ceremony was watched ~~from~~ millions on TV.

His father was killed ~~from~~ a terrorist.

Das Passiv
Bildung

E 309

1) Coffee *has already been made*.

2) The whole restaurant *has been booked*.

3) I *have been asked* to help.

Das Passiv
Bildung

E 310

1) Bags *can / may be left* at reception.

2) Bills *must be paid* at once.

3) Everybody *will be informed* by e-mail or by phone.

Das Passiv
Bildung

E 311

1) Brochures *can be ordered* online.

2) Cars *must be parked* in the official car-park.

3) The box *can be used* again.

Das Passiv
Urheber mit *by*

E 312

1) The match was won *by* Bayern Munich.

2) Who was this book written *by*?

3) The ceremony was watched *by* millions on TV.

4) His father was killed *by* a terrorist.

Das Passiv
Urheber mit *by*

E 313

Verwandeln Sie ins Passiv. Beispiel:
Ann wrote this story. → This story *was written by* Ann.

1) Tony sent this fax.

2) A neighbour fed our cat.

3) My secretary chose the hotel.

Das Passiv
Urheber mit *by*

E 314

Verwandeln Sie ins Passiv. Beispiel:
Ann wrote this story. → This story *was written by* Ann.

1) An Australian teaches the Italian course.

2) Two boys saw the thief.

3) My son installed our computer.

Das Passiv
Urheber mit *by*

E 315

Bilden Sie Passivfragen in der Vergangenheit.
Who / this picture / paint? → *Who was this picture painted by?*

1) Who / President Kennedy / kill?

2) Who / the first computer / make?

3) Who / the letter / sign?

Das Passiv
Urheber mit *by*

E 316

Bilden Sie Passivfragen in der Vergangenheit.
Who / this picture / paint? → *Who was this picture painted by?*

1) Who / you / invite?

2) Who / the gold medal / win?

3) Who / you / inform?

Das Passiv
Urheber mit *by*

E 313

1) This fax *was sent by* Tony.

2) Our cat *was fed by* a neighbour.

3) The hotel *was chosen by* my secretary.

Das Passiv
Urheber mit *by*

E 314

1) The Italian course *is taught by* an Australian.

2) The thief *was seen by* two boys.

3) Our computer *was installed by* my son.

Das Passiv
Urheber mit *by*

E 315

1) Who was President Kennedy killed by?

2) Who was the first computer made by?

3) Who was the letter signed by?

Das Passiv
Urheber mit *by*

E 316

1) Who were you invited by?

2) Who was the gold medal won by?

3) Who were you informed by?

Das Passiv
Urheber mit *by*

E 317

Übersetzen Sie.

1) Von wem wurde er informiert?

2) Von wem wirst du bezahlt?

3) Die Party wurde von den Eltern organisiert.

Das Passiv
Urheber mit *by*

E 318

Übersetzen Sie.

1) Englisch wird von Millionen von Menschen gesprochen.

2) Ich werde immer von meinem Sohn aufgeweckt.

3) Das Buch wurde von einem Amerikaner geschrieben.

Fragen
who-Fragen mit und ohne *do*

E 319

Ergänzen Sie die Rückfrage mit *did*. Beispiel:
: phoned Elizabeth. – Sorry, who *did* you *phone?*

1) We met Phil at the party. – Sorry, who . . . you . . . ?

2) I visited John last weekend. – Sorry, who . . . you . . . ?

) They arrested an old man. – Sorry, who . . . they . . . ?

ragen
ho-Fragen mit und ohne *do*

E 320

rgänzen Sie die Rückfrage mit *did*. Beispiel:
phoned Elizabeth. – Sorry, who *did* you *phone?*

) We asked a priest. – Sorry, who . . . you . . . ?

Ann saw the Queen. – Sorry, who . . . Ann . . . ?

Das Passiv
Urheber mit *by*

E 317

1) Who was he informed by?

2) Who are you paid by?

3) The party was organized by the parents.

Das Passiv
Urheber mit *by*

E 318

1) English is spoken by millions of people.

2) I am always woken up by my son.

3) The book was written by an American.

Fragen
who-Fragen mit und ohne *do*

E 319

1) We met Phil at the party. – Sorry, who *did* you *meet*?

2) I visited John last weekend. – Sorry, who *did* you *visit*?

3) They arrested an old man. – Sorry, who *did* they *arrest*?

Fragen
who-Fragen mit und ohne *do*

E 32

1) Sorry, who *did* you *ask*?

2) Sorry, who *did* Ann *see*?

Fragen
who*-Fragen mit und ohne *do

E 321

Bilden Sie eine Frage mit *do* oder *does*.

1) What / this / cost? . . . – It costs € 35.

2) What / you / think? . . . – I think it's a good idea.

3) What / you / serve / with this fish? . . . – White wine.

Fragen
who*-Fragen mit und ohne *do

E 322

Bilden Sie eine Frage mit *do* oder *does*.

1) What / people without a car / do? . . . – Go by bus.

2) What / you / do / at weekends? . . . – We often go to the mountains.

3) What / say / the thermometer? . . . – Minus 8.

Fragen
who*-Fragen mit und ohne *do

E 323

Wie lautet die *who*-Frage: mit *did* oder ohne *did*?

1) We met XXXXX at the party. → Who . . . ?

2) XXXXX paid. → Who . . . ?

3) XXXXX arrived last, of course. → Who . . . last?

Fragen
who*-Fragen mit und ohne *do

E 324

Wie lautet die *who*-Frage: mit *did* oder ohne *did*?

1) XXXXX planned the whole thing. → Who . . . ?

2) Ben says that XXXXX won. → Who . . . ?

3) Angela told me that she phoned XXXXX. → Who . . . ?

Fragen
who*-Fragen mit und ohne *do
E 321

1) *What does this cost?* – It costs € 35.

2) *What do you think?* – I think it's a good idea.

3) *What do you serve with this fish?* – White wine.

Fragen
who*-Fragen mit und ohne *do
E 322

1) *What do people without a car do?* – Go by bus.

2) *What do you do at weekends?* – We often go to the mountains.

3) *What does the thermometer say?* – Minus 8.

Fragen
who*-Fragen mit und ohne *do
E 323

1) Who *did you meet* (at the party)?

2) Who *paid*?

3) Who *arrived* last?

Fragen
who*-Fragen mit und ohne *do
E 324

1) Who *planned* the whole thing?

2) Who *won*?

3) Who *did Angela phone*?

Fragen
who*-Fragen mit und ohne *do

E 325

Übersetzen Sie. (Die Verben stehen in der einfachen Gegenwart oder Vergangenheit.)

1) Was willst du?

2) Was kostet dieser Pullover?

3) Wer hat gestern Abend angerufen?

Fragen
who*-Fragen mit und ohne *do

E 326

Übersetzen Sie. (Die Verben stehen in der einfachen Gegenwart oder Vergangenheit.)

1) Wen kennst du hier?

2) Was passiert in dem Film?

3) Wen habt ihr auf der Party letztes Wochenende getroffen?

Fragen
Fragen mit Präpositionen

E 327

chreiben Sie die Fragen um. Stellen Sie die räposition ans Satzende.
~~Vith~~ who did you go? → *Who did you go with?*

.) ~~For~~ who do you work?

) ~~In~~ what are you interested?

) ~~From~~ where do you come?

ragen
ragen mit Präpositionen

E 328

chreiben Sie die Fragen um. Stellen Sie die räposition ans Satzende.
~~ith~~ who did you go? → *Who did you go with?*

~~In~~ what do you believe?

~~In~~ which part of the country do you live?

~~At~~ what are you especially good?

Fragen
who-Fragen mit und ohne *do*

E 325

1) What do you want?

2) What does this pullover cost?

3) Who phoned / called / rang yesterday evening / last night?

Fragen
who-Fragen mit und ohne *do*

E 326

1) Who do you know here?

2) What happens in the film?

3) Who did you meet at the party last weekend?

Fragen
Fragen mit Präpositionen

E 327

1) Who do you work for?

2) What are you interested in?

3) Where do you come from?

Fragen
Fragen mit Präpositionen

E 32

1) What do you believe in?

2) Which part of the country do you live in?

3) What are you especially good at?

Fragen
Fragen mit Präpositionen

E 329

Bilden Sie eine Frage wie im Beispiel.
We flew to XXXXX. → *Where did you fly to?*

1) We stayed in the XXXXX Hotel. Which hotel . . . ?

2) We went sailing with XXXXX. Who . . . ?

3) We drove around in a XXXXX. What . . . ?

Fragen
Fragen mit Präpositionen

E 330

Bilden Sie eine Frage wie im Beispiel.
We flew to XXXXX. → *Where did you fly to?*

1) We sent postcards of the XXXXX. What . . . ?

2) We looked for some XXXXX. What . . . ?

3) We bought souvenirs for XXXXX. Who . . . ?

Fragen
Fragen mit Präpositionen

E 331

Übersetzen Sie. Verwenden Sie die angegebene Präposition und die Verlaufsform der Gegenwart.

1) Welche CD hörst du [gerade]? (*to*)

2) Mit wem spricht er? (*to*)

3) Worüber reden sie? (*about*)

Fragen
Fragen mit Präpositionen

E 332

Übersetzen Sie. Verwenden Sie die angegebene Präposition und die Verlaufsform der Gegenwart.

1) Auf was warten Sie? (*for*)

2) An wen schreibst du? (*to*)

3) Welche Wohnung schauen sie sich heute an? (*at*)

Fragen
Fragen mit Präpositionen

E 329

1) Which hotel did you stay in?

2) Who did you go sailing with?

3) What did you drive around in?

Fragen
Fragen mit Präpositionen

E 330

1) What did you send postcards of?

2) What did you look for?

3) Who did you buy souvenirs for?

Fragen
Fragen mit Präpositionen

E 331

1) Which CD are you listening to?

2) Who is he speaking / talking to?

3) What are they talking about?

Fragen
Fragen mit Präpositionen

E 33

1) What are you waiting for?

2) Who are you writing to?

3) Which flat are they looking at today?

Fragen
Bestätigungsfragen

E 333

Welche Form ist richtig?

1) Toby works for IBM, . . . ?
   ■ doesn't he ■ isn't he

2) Joanna isn't working at the moment, . . . ?
   ■ is she ■ does she

3) I'm not the last, . . . ?
   ■ am I ■ are I

Fragen
Bestätigungsfragen

E 334

Welche Form ist richtig?

1) You weren't here last week, . . . ?
   ■ was you ■ were you

2) They went to France, . . . ?
   ■ didn't they ■ went they

3) We've finished, . . . ?
   ■ aren't we ■ haven't we

Fragen
Bestätigungsfragen

E 335

Ergänzen Sie die Bestätigungsfrage. Sie brauchen immer eine Form von *be*.

1) You aren't American, . . . ?

2) I'm not disturbing you, . . . ?

3) The colours are beautiful, . . . ?

ragen
estätigungsfragen

E 336

rgänzen Sie die Bestätigungsfrage. Sie brauchen nmer eine Form von *be*.

) It's a lovely day, . . . ?

) The tickets weren't very expensive, . . . ?

You're waiting to see Mrs Evans, . . . ?

Fragen
Bestätigungsfragen **E 333**

1) Toby works for IBM, *doesn't he*?

2) Joanna isn't working at the moment, *is she*?

3) I'm not the last, *am I*?

Fragen
Bestätigungsfragen **E 334**

1) You weren't here last week, *were you*?

2) They went to France, *didn't they*?

3) We've finished, *haven't we*?

Fragen
Bestätigungsfragen **E 335**

1) You aren't American, *are you*?

2) I'm not disturbing you, *am I*?

3) The colours are beautiful, *aren't they*?

Fragen
Bestätigungsfragen **E 33**

1) It's a lovely day, *isn't it*?

2) The tickets weren't very expensive, *were they*?

3) You're waiting to see Mrs Evans, *aren't you*?

Fragen
Bestätigungsfragen **E 337**

Setzen Sie *does, don't, has, haven't, wasn't* oder *will* ein.

1) It was a really interesting programme, . . . it?

2) Ellen doesn't eat meat, . . . she?

3) You've paid the bill, . . . you?

Fragen
Bestätigungsfragen **E 338**

Setzen Sie *does, don't, has, haven't, wasn't* oder *will* ein.

1) Jim hasn't written, . . . he?

2) It won't be cold there, . . . it?

3) We need more time, . . . we?

Fragen
Bestätigungsfragen **E 339**

Ergänzen Sie die Bestätigungsfrage. Sie brauchen immer eine Form von *do*.

1) You speak Italian, . . . ?

2) This wine tastes wonderful, . . . ?

3) Your husband works at home, . . . ?

ragen
estätigungsfragen **E 340**

rgänzen Sie die Bestätigungsfrage. Sie brauchen mmer eine Form von *do*.

) They know our address, . . . ?

) Where's the car? We parked on floor 5, . . . ?

) I gave you my phone number, . . . ?

Fragen
Bestätigungsfragen

E 337

1) It was a really interesting programme, *wasn't* it?

2) Ellen doesn't eat meat, *does* she?

3) You've paid the bill, *haven't* you?

Fragen
Bestätigungsfragen

E 338

1) Jim hasn't written, *has* he?

2) It won't be cold there, *will* it?

3) We need more time, *don't* we?

Fragen
Bestätigungsfragen

E 339

1) You speak Italian, *don't you*?

2) This wine tastes wonderful, *doesn't it*?

3) Your husband works at home, *doesn't he*?

Fragen
Bestätigungsfragen

E 340

1) They know our address, *don't they*?

2) Where's the car? We parked on floor 5, *didn't we*?

3) I gave you my phone number, *didn't I*?

Modalverben
can – be able to

E 341

Welche Form ist richtig?

1) I . . . do it for you next Saturday.
   ■ will can ■ will be able to

2) We . . . find anywhere to park. Everywhere was full.
   ■ can't ■ couldn't

3) Have you . . . find somewhere to stay?
   ■ be able to ■ been able to

Modalverben
can – be able to

E 342

Bilden Sie Sätze mit der Present-Perfect- oder Zukunftsform von *be able to.*

1) I . . . (*find*) the address. Here it is.

2) Sorry, but we . . . (*not come*) to your party next week.

3) The system is working again now at last, but we . . . (*not phone*) all day.

Modalverben
can – be able to

E 343

Bilden Sie Sätze mit der Present-Perfect- oder Zukunftsform von *be able to.*

1) When . . . (*you tell*) me? I need to know as soon as possible.

2) I'm afraid I . . . (*not repair*) your bike yet. I haven't had time.

Modalverben
can – be able to

E 344

Übersetzen Sie.

1) Wir werden Ihnen nächste Woche helfen können.

2) Hast du mit deinen Eltern sprechen können?

3) Wir konnten mehr als 100 Kilometer [weit] sehen.

4) Ben wird kommen können, aber ich arbeite samstags.

Modalverben
can – be able to

E 341

1) I *will be able to* do it for you next Saturday.

2) We *couldn't* find anywhere to park. Everywhere was full.

3) Have you *been able to* find somewhere to stay?

Modalverben
can – be able to

E 342

1) I *have been able to find* the address. Here it is.

2) Sorry, but we *won't be able to come* to your party next week.

3) The system is working again now at last, but we *haven't been able to phone* all day.

Modalverben
can – be able to

E 343

1) When *will you be able to tell* me? I need to know as soon as possible.

2) I'm afraid I *haven't been able to repair* your bike yet. I haven't had time.

Modalverben
can – be able to

E 344

1) We'll be able to help you next week.

2) Have you been able to speak / talk to your parents?

3) We could see / were able to see more than 100 kilometres.

4) Ben will be able to come, but I work on Saturday(s).

Modalverben **E 345**
mustn't – don't have to – needn't

Ergänzen Sie *don't have to* oder *doesn't have to.*

1) A pullover is enough. He . . . wear a jacket.

2) You . . . do anything. Everything is organized.

3) We . . . pay now.

Modalverben **E 346**
mustn't – don't have to – needn't

Ergänzen Sie *don't have to* oder *doesn't have to.*

1) The children . . . come with us if they don't want to.

2) We . . . hurry. There's plenty of time.

3) Wait and see. A documentary film . . . be boring.

Modalverben **E 347**
nustn't – don't have to – needn't

Korrigieren Sie. Verwenden Sie eine Form von *have to.*

1) There are still lots of tickets. We ~~mustn't~~ book.

?) You ~~mustn't~~ be very athletic to play golf.

3) I know what to do. She ~~mustn't~~ ask Charles for help.

lodalverben **E 348**
ıustn't – don't have to – needn't

orrigieren Sie. Verwenden Sie eine Form von *ave to.*

) It's one of these 24-hour supermarkets. He ~~mustn't~~ go shopping now. He can go later.

I'm lucky. I ~~mustn't~~ paint the flat when I move out.

We can stay at home if you want. We ~~mustn't~~ go out.

Modalverben **E 345**
mustn't – don't have to – needn't

1) A pullover is enough. He *doesn't have to* wear a jacket.

2) You *don't have to* do anything. Everything is organized.

3) We *don't have to* pay now.

Modalverben **E 346**
mustn't – don't have to – needn't

1) The children *don't have to* come with us if they don't want to.

2) We *don't have to* hurry. There's plenty of time.

3) Wait and see. A documentary film *doesn't have to* be boring.

Modalverben **E 347**
mustn't – don't have to – needn't

1) There are still lots of tickets. We *don't have to* book.

2) You *don't have to* be very athletic to play golf.

3) I know what to do. She *doesn't have to* ask Charles for help.

Modalverben **E 34**
mustn't – don't have to – needn't

1) It's one of these 24-hour supermarkets. He *doesn't have to* go shopping now. He can go later.

2) I'm lucky. I *don't have to* paint the flat when I move out.

3) We can stay at home if you want. We *don't have t* go out.

Modalverben
mustn't – don't have to – needn't

E 349

Welche Form ist richtig?

1) Peter, you . . . park here. This is private!
■ don't have to ■ mustn't

2) We . . . pack a picnic. We can buy something.
■ mustn't ■ needn't

3) It's Sunday tomorrow, so we . . . get up so early.
■ don't have to ■ mustn't

Modalverben
mustn't – don't have to – needn't

E 350

Welche Form ist richtig?

1) Mark . . . come till later if he doesn't want to.
■ mustn't ■ needn't

2) That was really stupid of me. I really . . . do it again.
■ don't have to ■ mustn't

3) Those jeans are OK. You . . . change.
■ mustn't ■ needn't

Modalverben
mustn't – don't have to – needn't

E 351

Übersetzen Sie die deutschen Sätze.

1) It's Edna's birthday tomorrow. *Ich darf ihn nicht vergessen.*

2) We can watch TV. *Wir müssen nicht Musik hören.*

3) It's OK, I can manage. *Du musst mir nicht helfen.*

Modalverben
mustn't – don't have to – needn't

E 352

Übersetzen Sie die deutschen Sätze.

1) He's got a bike, hasn't he? *Er muss nicht [Auto] fahren.*

2) I don't want anyone to know. *Sie dürfen [es] niemandem sagen.*

3) Oysters and champagne is fine. *Es muss nicht immer Kaviar* (caviar) *sein.*

Modalverben E 349
mustn't – don't have to – needn't

1) Peter, you *mustn't* park here. This is private!

2) We *needn't* pack a picnic. We can buy something.

3) It's Sunday tomorrow, so we *don't have to* get up so early.

Modalverben E 350
mustn't – don't have to – needn't

1) Mark *needn't* come till later if he doesn't want to.

2) That was really stupid of me. I really *mustn't* do it again.

3) Those jeans are OK. You *needn't* change.

Modalverben E 351
mustn't – don't have to – needn't

1) It's Edna's birthday tomorrow. *I mustn't forget (it).*

2) We can watch TV. *We don't have to / needn't listen to music.*

3) It's OK, I can manage. *You don't have to / needn't help me.*

Modalverben E 35
mustn't – don't have to – needn't

1) He's got a bike, hasn't he? *He doesn't have to / needn't drive.*

2) I don't want anyone to know. *You mustn't tell anyone / anybody.*

3) Oysters and champagne is fine. *It doesn't always have to / needn't always be caviar.*

Modalverben **E 353**
must – have to

Welche Form ist richtig?

1) I . . . go again. The doctor says everything is OK.
   ■ don't have to ■ haven't to

2) We . . . wait two hours. It was terrible.
   ■ had to ■ must

3) When will you . . . get up?
   ■ have to ■ must

Modalverben **E 354**
must – have to

Welche Form ist richtig?

1) Peter has lost his job. He . . . his car.
   ■ has had to sell ■ has had to sold

2) . . . to pay cash?
   ■ Do customers have ■ Have customers

3) I couldn't go to the party because I . . . work.
   ■ had to ■ must

Modalverben **E 355**
must – have to

Ergänzen Sie eine Form von *have to*. Vergessen Sie das Hilfsverb *do / does / did* nicht.

1) I . . . (*not go*) now, but I can't stay long.

2) If a customer doesn't like something, and takes it back, the shop . . . (*not give*) the money back.

3) We were lucky. We . . . (*not wait*) long.

odalverben **E 356**
nust – have to

rgänzen Sie eine Form von *have to*. Vergessen Sie as Hilfsverb *do / does / did* nicht.

) Why did he lend them the money? He . . . (*not do*) it.

) When . . . (*you / start work*)? – At 7.30 every day.

) How much . . . (*your friends / pay*)? – Only $55. That was cheap.

Modalverben

E 353

must – have to

1) I *don't have to* go again. The doctor says everything is OK.

2) We *had to* wait two hours. It was terrible.

3) When will you *have to* get up?

Modalverben

E 354

must – have to

1) Peter has lost his job. He *has had to sell* his car.

2) *Do customers have* to pay cash?

3) I couldn't go to the party because I *had to* work.

Modalverben

E 355

must – have to

1) I *don't have to go* now, but I can't stay long.

2) If a customer doesn't like something, and takes it back, the shop *doesn't have to give* the money back.

3) We were lucky. We *didn't have to wait* long.

Modalverben

E 35

must – have to

1) Why did he lend them the money? He *didn't have t do* it.

2) When *do you have to start work*? – At 7.30 every day

3) How much *did your friends have to pay*? – Only $5 That was cheap.

Modalverben
must – have to

E 357

Übersetzen Sie mit *have to.*

1) Die Passagiere mussten 90 Minuten warten.

2) Du wirst einen Urlaubstag (*a day's holiday*) nehmen müssen.

3) Musst du jedes Wochenende arbeiten?

Modalverben
must – have to

E 358

Übersetzen Sie mit *have to.*

1) Wann müssen wir bezahlen?

2) Wann werden wir aufstehen müssen?

3) Du wirst den Chef fragen müssen. Ich kann das nicht entscheiden.

-ing-Form – Infinitiv
Verb + *-ing*

E 359

Ergänzen Sie die *-ing*-Form.

1) I hate . . . (*get*) up early.

2) Do you mind . . . (*wait*)?

3) Tom gave up . . . (*smoke*) last year.

4) I must practise . . . (*write*) emails in English.

-ing-Form – Infinitiv
Verb + *-ing*

E 360

Was mögen Sie und hassen Sie? Wählen Sie aus diesen Stichwörtern und bilden Sie Sätze mit *like ...ing* oder *I hate ....ing*. Sprechen Sie laut.

get up early • eat in bed • cook • eat exotic food • work at night / at the weekend / in the garden / . . . • live in the town / country • write letters • wear jeans • go on holiday with / to . . .

Modalverben
must – have to

E 357

1) The passengers had to wait 90 minutes.

2) You will have to take a day's holiday.

3) Do you have to work every weekend?

Modalverben
must – have to

E 358

1) When do we have to pay?

2) When will we have to get up?

3) You will have to ask the boss. I can't decide that.

-ing-Form – Infinitiv
Verb + *-ing*

E 359

1) I hate *getting* up early.

2) Do you mind *waiting*?

3) Tom gave up *smoking* last year.

4) I must practise *writing* emails in English.

-ing-Form – Infinitiv
Verb + *-ing*

E 360

Beispiellösungen:
- I hate getting up early.
- I hate eating in bed.
- I like cooking.
- I like eating exotic food.
- I hate working at the weekend.
- I like living in the country.
- I hate writing letters.
- I like wearing jeans.

-ing-Form – Infinitiv
Verb + *-ing*

E 361

Formulieren Sie höfliche Bitten mit *Would you mind … ?*

Please wait. → *Would you mind waiting?*

1) Please repeat that.

2) Please leave us alone.

3) Switch off your mobile phone, please.

-ing-Form – Infinitiv
Verb + *-ing*

E 362

Formulieren Sie höfliche Bitten mit *Would you mind … ?*

Please wait. → *Would you mind waiting?*

1) Please move your bag.

2) Please don't smoke. → . . . not . . . .

3) Please don't park here. → . . . not . . . .

-ing-Form – Infinitiv
Verb + *-ing*

E 363

Korrigieren Sie.

1) Can you imagine ~~to be~~ rich?

2) I really enjoy ~~to listen~~ to her.

3) I tried to avoid ~~to look~~ at it.

-ing-Form – Infinitiv
Verb + *-ing*

E 364

Korrigieren Sie.

1) We don't want to risk ~~to break~~ it.

2) Practise ~~to say~~ that in English.

3) I suggest ~~to wait~~ till prices fall again.

-ing-Form – Infinitiv **E 361**
Verb + *-ing*

1) Would you mind repeating that?

2) Would you mind leaving us alone?

3) Would you mind switching off your mobile phone?

-ing-Form – Infinitiv **E 362**
Verb + *-ing*

1) Would you mind moving your bag?

2) Would you mind not smoking?

3) Would you mind not parking here?

-ing-Form – Infinitiv **E 363**
Verb + *-ing*

1) Can you imagine *being* rich?

2) I really enjoy *listening* to her.

3) I tried to avoid *looking* at it.

-ing-Form – Infinitiv **E 364**
Verb + *-ing*

1) We don't want to risk *breaking* it.

2) Practise *saying* that in English.

3) I suggest *waiting* till prices fall again.

-ing-Form – Infinitiv
would like / love / prefer + *to*-Infinitiv

E 365

Welche Form ist richtig?

1) I like . . . a cold shower.
   ■ have ■ having

2) I would hate . . . that happen.
   ■ seeing ■ to see

3) Would you prefer . . . in the evening?
   ■ eating ■ to eat

-ing-Form – Infinitiv
would like / love / prefer + *to*-Infinitiv

E 366

Welche Form ist richtig?

1) What have you decided . . . ?
   ■ doing ■ to do

2) Thank you. We'd love . . . .
   ■ coming ■ to come

3) What are you planning . . . next?
   ■ doing ■ to do

ing-Form – Infinitiv
would like / love / prefer + *to*-Infinitiv

E 367

Bilden Sie Fragen mit . . . *would you like / prefer to . . . ?*

1) where / like / go / today

2) prefer / stay / at home this evening

3) what / like / see

ing-Form – Infinitiv
would like / love / prefer + *to*-Infinitiv

E 368

Welche Formen kann man in folgenden Satz einsetzen? *I . . . in the afternoon.*

) would love sleeping ■
  would love to sleep ■
) want sleeping ■
  want to sleep ■
) always avoid sleeping ■
  always avoid to sleep ■

-ing-Form – Infinitiv
would like / love / prefer + to-Infinitiv

E 365

1) I like *having* a cold shower.

2) I would hate *to see* that happen.

3) Would you prefer *to eat* in the evening?

-ing-Form – Infinitiv
would like / love / prefer + to-Infinitiv

E 366

1) What have you decided *to do*?

2) Thank you. We'd love *to come*.

3) What are you planning *to do* next?

-ing-Form – Infinitiv
would like / love / prefer + to-Infinitiv

E 367

1) Where would you like to go today?

2) Would you prefer to stay at home this evening?

3) What would you like to see?

-ing-Form – Infinitiv
would like / love / prefer + to-Infinitiv

E 368

1) I *would love to sleep* in the afternoon.

2) I *want to sleep* in the afternoon.

3) I *always avoid sleeping* in the afternoon.

-*ing*-Form – Infinitiv
would like / love / prefer + *to*-Infinitiv

E 369

Welche Formen kann man in folgenden Satz einsetzen? *I . . . in the afternoon.*

1) enjoy sleeping ■
   enjoy to sleep ■
2) suggested sleeping ■
   suggested to sleep ■
3) never like sleeping ■
   never like to sleep ■

-*ing*-Form – Infinitiv
would like / love / prefer + *to*-Infinitiv

E 370

Übersetzen Sie.

1) Tim hat angeboten zu helfen.

2) Ich würde liebend gern Neuseeland besuchen.

3) Kannst du dir vorstellen in Neuseeland zu wohnen?

-*ing*-Form – Infinitiv
would like / love / prefer + *to*-Infinitiv

E 371

Übersetzen Sie.

1) Ich schlage vor ein Taxi zu nehmen.

2) Wir würden sehr ungern mehr bezahlen.

3) Es hat aufgehört zu regnen. Wir können gehen.

-*ing*-Form – Infinitiv
Verb + Präposition + -*ing*

E 372

Ergänzen Sie die -*ing*-Form.

1) Are you looking forward to . . . (*see*) them?

2) Have you ever thought of . . . (*start*) your own business?

3) Do you feel like . . . (*come*) with me?

-ing-Form – Infinitiv **E 369**
***would like / love / prefer + to*-Infinitiv**

1) I *enjoy sleeping* in the afternoon.

2) I *suggested sleeping* in the afternoon.

3) I *never like sleeping* in the afternoon. /
I *never like to sleep* in the afternoon.

-ing-Form – Infinitiv **E 370**
***would like / love / prefer + to*-Infinitiv**

1) Tim (has) offered to help.

2) I would love to visit New Zealand.

3) Can you imagine living in New Zealand?

-ing-Form – Infinitiv **E 371**
***would like / love / prefer + to*-Infinitiv**

1) I suggest taking a taxi.

2) We would hate to pay more.

3) It has stopped raining. We can go.

-ing-Form – Infinitiv **E 372**
Verb + Präposition + *-ing*

1) Are you looking forward to *seeing* them?

2) Have you ever thought of *starting* your own business?

3) Do you feel like *coming* with me?

-*ing*-Form – Infinitiv
Verb + Präposition + -*ing*

E 373

Ergänzen Sie die -*ing*-Form.

1) I'm not used to . . . (*cook*) for so many people.

2) Tony apologized for . . . (*wake*) me up.

3) We are all against . . . (*invite*) our boss to the party.

-*ing*-Form – Infinitiv
Verb + Präposition + -*ing*

E 374

Korrigieren Sie.

1) We are used to ~~drive~~ long distances to work here.

2) I am really looking forward to ~~finish~~ this project.

3) No more, thanks. I'm not used to ~~drink~~ so much.

4) Andy is looking forward to ~~surf~~ again on holiday.

-*ing*-Form – Infinitiv
Verb + Präposition + -*ing*

E 375

Ergänzen Sie die richtige Präposition und die -*ing*-Form.

1) I apologize . . . (*be*) so late.

2) They are concentrating first . . . (*repair*) the bridge.

3) They thanked me . . . (*look*) after their cat.

-*ing*-Form – Infinitiv
Verb + Präposition + -*ing*

E 376

Ergänzen Sie die richtige Präposition und die -*ing*-Form.

1) Do you ever dream . . . (*be*) a millionaire?

2) I feel . . . (*have*) a nice hot bath.

3) Don't worry . . . (*make*) mistakes. Just talk.

-ing-Form – Infinitiv
Verb + Präposition + *-ing*

E 373

1) I'm not used to *cooking* for so many people.

2) Tony apologized for *waking* me up.

3) We are all against *inviting* our boss to the party.

-ing-Form – Infinitiv
Verb + Präposition + *-ing*

E 374

1) We are used to *driving* long distances to work here.

2) I am really looking forward to *finishing* this project.

3) No more, thanks. I'm not used to *drinking* so much.

4) Andy is looking forward to *surfing* again on holiday.

-ing-Form – Infinitiv
Verb + Präposition + *-ing*

E 375

1) I apologize *for being* so late.

2) They are concentrating first *on repairing* the bridge.

3) They thanked me *for looking* after their cat.

-ing-Form – Infinitiv
Verb + Präposition + *-ing*

E 376

1) Do you ever dream *of being* a millionaire?

2) I feel *like having* a nice hot bath.

3) Don't worry *about making* mistakes. Just talk.

-ing-Form – Infinitiv

Verb + Präposition + *-ing*

E 377

Übersetzen Sie.

1) Wir haben immer davon geträumt, Tibet zu besuchen.

2) Es lohnt sich nicht zu warten.

3) Hast du Lust, einen Film zu sehen?

-ing-Form – Infinitiv

Verb + Präposition + *-ing*

E 378

Übersetzen Sie.

1) Haben Sie je daran gedacht, eine Wohnung zu kaufen?

2) Ich freue mich darauf, in Urlaub zu fahren.

3) Mein Sohn ist nicht gewohnt hart zu arbeiten.

-ing-Form – Infinitiv

Adjektiv / Nomen + Präposition + *-ing*

E 379

Ergänzen Sie die *-ing*-Form.

1) Are you interested in . . . (*come*) with me?

2) They've developed a new method of . . . (*grow*) this.

3) Phil is in the habit of . . . (*forget*) people's names

4) We were afraid of . . . (*wake*) you up.

ing-Form – Infinitiv

Adjektiv / Nomen + Präposition + *-ing*

E 380

Korrigieren Sie.

1) I hate the idea ~~to lose~~ an old friend.

2) Do we have an alternative ~~to accept~~ this offer?

3) My grandfather had the habit ~~to smoke~~ Havana cigars in the bath.

-ing-Form – Infinitiv

E 377

Verb + Präposition + *-ing*

1) We have always dreamed / dreamt of visiting Tibet.

2) It isn't / It's not worth waiting.

3) Do you feel like seeing a film?

-ing-Form – Infinitiv

E 378

Verb + Präposition + *-ing*

1) Have you ever thought about / of buying a flat?

2) I'm looking forward to going on holiday.

3) My son isn't / is not used to working hard.

-ing-Form – Infinitiv

E 379

Adjektiv / Nomen + Präposition + *-ing*

1) Are you interested in *coming* with me?

2) They've developed a new method of *growing* this.

3) Phil is in the habit of *forgetting* people's names.

4) We were afraid of *waking* you up.

-ing-Form – Infinitiv

E 380

Adjektiv / Nomen + Präposition + *-ing*

1) I hate the idea *of losing* an old friend.

2) Do we have an alternative *to accepting* this offer?

3) My grandfather had the habit *of smoking* Havana cigars in the bath.

-ing-Form – Infinitiv
Adjektiv / Nomen + Präposition + *-ing*

E 381

Korrigieren Sie.

1) We have the choice ~~to pay~~ now or later.

2) The thought ~~to swim~~ in the sea every day is wonderful.

3) I'm not interested ~~to play~~ chess.

-ing-Form – Infinitiv
Adjektiv / Nomen + Präposition + *-ing*

E 382

Ergänzen Sie die richtige Präposition und die *-ing*-Form.

1) Some people are very bad . . . (*draw*).

2) I'm always afraid . . . (*fall*) and . . . (*break*) my leg.

3) I cannot understand Don's reasons . . . (*leave*) her.

4) Lindgren was famous . . . (*write*) children's books.

-ing-Form – Infinitiv
Adjektiv / Nomen + Präposition + *-ing*

E 383

Übersetzen Sie.

1) Ich habe einen besonderen Grund Ed einzuladen.

2) David ist so schlecht im Planen.

3) Ich bin nicht daran interessiert, Smith zu treffen.

4) Sie hat die Angewohnheit in der Nacht anzurufen.

-ing-Form – Infinitiv
Allein stehende Präposition + *-ing*

E 384

Ergänzen Sie die *-ing*-Form.

1) Check all the windows before . . . (*leave*) the house.

2) Wait 3–4 minutes after . . . (*make*) the tea before . . . (drink) it.

3) I found out the address by . . . (*ask*) a friend.

-ing-Form – Infinitiv
Adjektiv / Nomen + Präposition + *-ing* E 381

1) We have the choice *of paying* now or later.

2) The thought *of swimming* in the sea every day is wonderful.

3) I'm not interested *in playing* chess.

-ing-Form – Infinitiv
Adjektiv / Nomen + Präposition + *-ing* E 382

1) Some people are very bad *at drawing*.

2) I'm always afraid *of falling* and *breaking* my leg.

3) I cannot understand Don's reasons *for leaving* her.

4) Lindgren was famous *for writing* children's books.

-ing-Form – Infinitiv
Adjektiv / Nomen + Präposition + *-ing* E 383

1) I have a special reason for inviting Ed.

2) David is so bad at planning.

3) I'm not interested in meeting Smith.

4) She has the habit of / is in the habit of phoning / calling / ringing (up) in the night.

-ing-Form – Infinitiv
Allein stehende Präposition + *-ing* E 384

1) Check all the windows before *leaving* the house.

2) Wait 3–4 minutes after *making* the tea before *drinking* it.

3) I found out the address by *asking* a friend.

-ing-Form – Infinitiv

E 385

Allein stehende Präposition + *-ing*

Ergänzen Sie die *-ing*-Form.

1) Instead of . . . (*sit*) there, why can't you help me?

2) Please don't go out without . . . (*tell*) me.

3) What about . . . (*take*) a boat on the river?

-ing-Form – Infinitiv

E 386

Allein stehende Präposition + *-ing*

Machen Sie einen Vorschlag mit *how / what about*?

1) We need some help. – (*ask Phil*) . . .

2) I feel so tired. – (*go to bed early*) . . .

3) I don't feel like cooking. – (*eat out at the Italian*) . . .

4) Would David know the address? – (*phone and ask*) . .

-ing-Form – Infinitiv

E 387

Allein stehende Präposition + *-ing*

Übersetzen Sie.

1) Anstatt auf Mike zu warten, lasst uns Des fragen.

2) Der Mann verließ das Restaurant ohne zu zahlen.

3) Du öffnest die Mail, indem du hier klickst.

4) Ed lernte Spanisch, indem er spanische Comics las.

-ing-Form – Infinitiv

E 388

Verb + Objekt + Infinitiv

Korrigieren Sie.

1) I want ~~that you go~~ now.

2) We would like ~~that you stay~~ the night.

3) Would you like ~~that I help~~ with those bags?

-ing-Form – Infinitiv
Allein stehende Präposition + *-ing* E 385

1) Instead of *sitting* there, why can't you help me?

2) Please don't go out without *telling* me.

3) What about *taking* a boat on the river?

-ing-Form – Infinitiv
Allein stehende Präposition + *-ing* E 386

1) How / What about asking Phil?

2) How / What about going to bed early?

3) How / What about eating out at the Italian?

4) How / What about phoning and asking?

-ing-Form – Infinitiv
Allein stehende Präposition + *-ing* E 387

1) Instead of waiting for Mike, let's ask Des.

2) The man left the restaurant without paying.

3) You open the mail by clicking here.

4) Ed learned Spanish by reading Spanish comics.

-ing-Form – Infinitiv
Verb + Objekt + Infinitiv E 388

1) I want *you to go* now.

2) We would like *you to stay* the night.

3) Would you like *me to help* with those bags?

-ing-Form – Infinitiv
Verb + Objekt + Infinitiv

E 389

Korrigieren Sie.

1) The boss wants ~~that someone works~~ this weekend.

2) My partner would like ~~that we get~~ married.

3) They don't want ~~that we pay~~ now. We can pay later.

-ing-Form – Infinitiv
Verb + Objekt + Infinitiv

E 390

Formulieren Sie um wie im Beispiel.

"Please come in." (*ask*) → *They asked me to come in.*

1) "Take warm clothes." (*advise*) My aunt . . .

2) "You may take photos." (*allow*) They . . .

3) "Stay and have dinner." (*invite*) They . . .

-ing-Form – Infinitiv
Verb + Objekt + Infinitiv

E 391

Übersetzen Sie.

1) Ich will, dass du mir hilfst.

2) Wir wollen nicht, dass die Kinder es hören.

3) Möchten Sie, dass ich den Text übersetze?

-ing-Form – Infinitiv
Verb + Objekt + Infinitiv

E 392

Übersetzen Sie.

1) Ich will, dass du auf mich wartest.

2) Möchten Sie, dass ich Kaffee koche?

3) Wir möchten, dass Sie mit uns kommen.

-ing-Form – Infinitiv
Verb + Objekt + Infinitiv **E 389**

1) The boss wants *someone to work* this weekend.

2) My partner would like *us to get* married.

3) They don't want *us to pay* now.

-ing-Form – Infinitiv
Verb + Objekt + Infinitiv **E 390**

1) My aunt advised me to take warm clothes.

2) They allowed me to take photos.

3) They invited me to stay and have dinner.

-ing-Form – Infinitiv
Verb + Objekt + Infinitiv **E 391**

1) I want you to help me.

2) We don't want the children to hear (it).

3) Would you like me to translate the text?

-ing-Form – Infinitiv
Verb + Objekt + Infinitiv **E 392**

1) I want you to wait for me.

2) Would you like me to make coffee?

3) We would like you to come with us.

-ing-Form – Infinitiv **E 393**
***warn, tell, let, make* + Infinitiv**

Welche Form ist richtig?

1) Ann let me . . . her mobile phone.
   ■ to use ■ use

2) I told you . . . more than 150 euros.
   ■ not to pay ■ that you not pay

-ing-Form – Infinitiv **E 394**
***warn, tell, let, make* + Infinitiv**

Welche Form ist richtig?

1) The teacher made all the children . . . .
   ■ stand up ■ to stand up

2) The guide warned them . . . in the snowstorm.
   ■ not to go out ■ to go out

-ing-Form – Infinitiv **E 395**
***warn, tell, let, make* + Infinitiv**

Welche Form ist richtig?

1) Please tell him . . . me at about 6 o'clock.
   ■ expect ■ to expect

2) She . . . me to be careful because of thieves.
   ■ said ■ told

-ing-Form – Infinitiv **E 396**
***warn, tell, let, make* + Infinitiv**

Korrigieren Sie.

) The teacher ~~said~~ the children to be quiet.

) Will you ~~say~~ Ben to make some extra copies?

) We warn tourists ~~to take~~ too much cash with them.

) I warned you ~~to go~~ swimming after lunch.

-ing-Form – Infinitiv **E 393**
***warn, tell, let, make* + Infinitiv**

1) Ann let me *use* her mobile phone.

2) I told you *not to pay* more than 150 euros.

-ing-Form – Infinitiv **E 394**
***warn, tell, let, make* + Infinitiv**

1) The teacher made all the children *stand up*.

2) The guide warned them *not to go out* in the snowstorm.

-ing-Form – Infinitiv **E 395**
***warn, tell, let, make* + Infinitiv**

Welche Form ist richtig?

1) Please tell him *to expect* me at about 6 o'clock.

2) She *told* me to be careful because of thieves.

-ing-Form – Infinitiv **E 396**
***warn, tell, let, make* + Infinitiv**

1) The teacher *told* the children to be quiet.

2) Will you *tell* Ben to make some extra copies?

3) We warn tourists *not to take* too much cash with them.

4) I warned you *not to go* swimming after lunch.

-*ing*-Form – Infinitiv
warn, tell, let, make + Infinitiv

E 397

let oder *make*? Ergänzen Sie das Verb.

1) I'll . . . (*lassen*) you borrow my camera if you want.

2) I'll . . . (*lassen*) you pay for it if you break it.

3) The police . . . (*ließen*) the man wait.

4) The police . . . (*ließen*) the man go.

-*ing*-Form – Infinitiv
warn, tell, let, make + Infinitiv

E 398

Übersetzen Sie.

1) Ich habe dich davor gewarnt, den Wein zu trinken.

2) Ich werde dich nicht gehen lassen, bis du dich entschuldigst (*apologize*).

3) Mein Kollege sagte mir, dass ich den Chef nicht stören (*disturb*) sollte.

-*ing*-Form – Infinitiv
warn, tell, let, make + Infinitiv

E 399

Übersetzen Sie.

1) Ich werde dich nicht bezahlen lassen. Du bist heute mein Gast.

2) Sag deinem Freund, dass er hereinkommen soll.

3) Er ließ seine Sekretärin bis 10 Uhr abends arbeiten.

ndirekte Rede
‛eitverschiebung

E 400

‛etzen Sie in die indirekte Rede.

) Ann: "I feel cold." → Ann said . . .

) Toby: "We're too early." → Toby said . . .

) Peter: "I need more time." → Peter said . . .

-ing-Form – Infinitiv
warn, tell, let, make + Infinitiv

E 397

1) I'll *let* you borrow my camera if you want.
2) I'll *make* you pay for it if you break it.
3) The police *made* the man wait.
4) The police *let* the man go.

-ing-Form – Infinitiv
warn, tell, let, make + Infinitiv

E 398

1) I warned you not to drink the wine.
2) I won't let you go till / until you apologize.
3) My colleague told me not to disturb the boss.

-ing-Form – Infinitiv
warn, tell, let, make + Infinitiv

E 399

1) I won't let you pay. You are my guest today.
2) Tell your friend to come in.
3) He made his secretary work till / until 10 o'clock in the evening.

Indirekte Rede
Zeitverschiebung

E 400

1) Ann said *(that) she felt cold.*
2) Toby said *(that) we/they were too early.*
3) Peter said *(that) he needed more time.*

Indirekte Rede
Zeitverschiebung

E 401

Setzen Sie in die indirekte Rede.

1) Boss: "The situation doesn't look good."
→ The boss said . . .

2) Passenger: "I don't like travelling at night."
→ The passenger said . . .

3) "I can't find my keys." → Ann said . . .

Indirekte Rede
Zeitverschiebung

E 402

Setzen Sie in die indirekte Rede.

1) "Tina is learning Chinese." → My friend said that . . .

2) "We will need some extra chairs." → Our neighbours said that . . .

3) "It isn't raining." → Wally said . . .

Indirekte Rede
Zeitverschiebung

E 403

Setzen Sie in die indirekte Rede.

1) "I'll phone the travel agent." → Fred said . . .

2) "Paul's lost his passport." → Pippa said her husband . . .

3) "We've bought a caravan." → Sonia said that . . .

Indirekte Rede
Zeitverschiebung

E 404

Übersetzen Sie.

1) Mein Mann sagte, Whisky sei besser als Wein.

2) Der Chef sagte, ich sei für die Stelle überqualifiziert (*overqualified*).

3) Aber du sagtest, du würdest kurze Haare mögen.

Indirekte Rede **E 401**
Zeitverschiebung

1) The boss said *(that) the situation didn't look good.*

2) The passenger said *(that) he/she didn't like travelling at night.*

3) Ann said *(that) she couldn't find her keys.*

Indirekte Rede **E 402**
Zeitverschiebung

1) My friend said that *Tina was learning Chinese.*

2) Our neighbours said that *we/they would need some extra chairs.*

3) Wally said *(that) it wasn't raining.*

Indirekte Rede **E 403**
Zeitverschiebung

1) Fred said *(that) he would phone the travel agent.*

2) Pippa said her husband *had lost his passport.*

3) Sonia said that *they had bought a caravan.*

Indirekte Rede **E 404**
Zeitverschiebung

1) My husband said (that) whisky was better than wine.

2) The boss said (that) I was overqualified for the job

3) But you said (that) you liked short hair.

Indirekte Rede
Zeitverschiebung

E 405

Übersetzen Sie.

1) Der Mann sagte, er riefe später zurück.

2) Der Kunde sagte, er könne nicht bezahlen, weil er nicht genug Geld habe.

3) Gregor sagte, er habe sein Bestes getan.

Indirekte Rede
Zeitverschiebung

E 406

Übersetzen Sie.

1) Die Frau sagte, sie warte [gerade] auf einen Anruf.

2) Seine Sekretärin sagte, er spreche [gerade] auf dem anderen Apparat (*phone*).

3) Tom sagte, ich könne sein Auto nehmen.

Indirekte Rede
***said, told* und andere Berichtsverben**

E 407

Ergänzen Sie *say / said* oder *tell / told*.

1) That's not true! Who . . . that?

2) What did the boss . . . ? Did he agree?

3) We waited before we . . . our children about our holiday plans.

ndirekte Rede
***aid, told* und andere Berichtsverben**

E 408

rgänzen Sie *say / said* oder *tell / told*.

) I didn't . . . that you were a stupid old fool. That is a misunderstanding.

) How are we going to . . . him that his wife is dead?

) Did you . . . anybody what you saw?

Indirekte Rede
Zeitverschiebung

E 405

1) The man said (that) he would call back later.

2) The customer said (that) he couldn't pay because he didn't have enough money.

3) Gregor said (that) he had done his best.

Indirekte Rede
Zeitverschiebung

E 406

1) The woman said (that) she was waiting for a phone call.

2) His secretary said (that) he was speaking / talking on the other phone.

3) Tom said (that) I could take his car.

Indirekte Rede
***said, told* und andere Berichtsverben**

E 407

1) That's not true! Who *said* that?

2) What did the boss *say*? Did he agree?

3) We waited before we *told* our children about our holiday plans.

Indirekte Rede
***said, told* und andere Berichtsverben**

E 408

1) I didn't *say* that you were a stupid old fool. That is a misunderstanding.

2) How are we going to *tell* him that his wife is dead?

3) Did you *tell* anybody what you saw?

Indirekte Rede
***said, told* und andere Berichtsverben** **E 409**

Setzen Sie in die indirekte Rede.

1) "This food is cold." → The customer complained . . .

2) "Have they arrived safely?" → Ann hoped . . .

3) "A hotel room in London will be very expensive." → Glenn thought . . .

Indirekte Rede
***said, told* und andere Berichtsverben** **E 410**

Setzen Sie in die indirekte Rede.

1) "I'll pay you back when we get home." → John promised . . .

2) "I've found the perfect job." → Sally thought . . .

3) "It's raining again." → The children complained . . .

Indirekte Rede
***said, told* und andere Berichtsverben** **E 411**

Übersetzen Sie.

1) Ich sagte, dass ich nicht hungrig sei.

2) Sie haben mir versprochen, dass Sie am Freitag liefern (*deliver*) würden.

3) Ich dachte, ich hätte das Fenster geschlossen.

Indirekte Rede
Fragen **E 412**

Welche Form ist richtig?

1) The boy asked me if I . . . mice.
■ did like ■ liked

2) Some tourists asked me if I . . . show them the way.
■ can ■ could

3) My boss asked me where . . . .
■ my report was ■ was my report

Indirekte Rede **E 409**
***said, told* und andere Berichtsverben**

1) The customer complained *(that) the food was cold.*

2) Ann hoped *(that) they had arrived safely.*

3) Glenn thought *(that) a hotel room in London would be very expensive.*

Indirekte Rede **E 410**
***said, told* und andere Berichtsverben**

1) John promised *(that) he would pay me back when we got home.*

2) Sally thought *(that) she had found the perfect job.*

3) The children complained *(that) it was raining again.*

Indirekte Rede **E 411**
***said, told* und andere Berichtsverben**

1) I said that I wasn't hungry.

2) You promised me that you would deliver on Friday.

3) I thought I had shut / closed the window.

Indirekte Rede **E 412**
Fragen

1) The boy asked me if I *liked* mice.

2) Some tourists asked me if I *could* show them the way

3) My boss asked me where *my report was.*

Indirekte Rede
Fragen

E 413

Welche Form ist richtig?

1) Lusy asked us . . . .
   ■ when the film did start ■ when the film started

2) I asked John if he . . . .
   ■ did smoke ■ smoked

3) We asked who . . . the internet address.
   ■ did know ■ knew

Indirekte Rede
Fragen

E 414

Geben Sie die Fragen in der indirekten Rede wieder.

1) Is the road icy? → My colleague in the back of the car asked me . . .

2) Who saw the accident? → The police asked . . .

3) Who is going to pay for the repair? → The other driver asked . . .

Indirekte Rede
Fragen

E 415

Berichten Sie von Ihrem Vorstellungsgespräch.

1) "How old are you?" → They asked me . . .

2) "Do you speak English?" → They asked me . . .

3) "What do you hope to earn?" → They asked me . . .

4) "Can you work at night?" → They asked me . . .

If-Sätze
If – when

E 416

Welche Form ist richtig?

1) We can discuss it later . . . you don't have time now.
   ■ if ■ when

2) . . . the concert finishes, we can go for a drink.
   ■ If ■ When

3) . . . we're late, don't wait. Start without us.
   ■ If ■ When

Indirekte Rede
Fragen

E 413

1) Lusy asked us *when the film started.*

2) I asked John if he *smoked*.

3) We asked who *knew* the internet address.

Indirekte Rede
Fragen

E 414

1) My colleague in the back of the car asked me *if / whether the road was icy.*

2) The police asked *who saw / had seen the accident.*

3) The other driver asked *who was going to pay for the repair.*

Indirekte Rede
Fragen

E 415

1) They asked me *how old I was.*

2) They asked me *if / whether I spoke English.*

3) They asked me *what I hoped to earn.*

4) They asked me *if / whether I could work at night.*

if-Sätze
if – when

E 416

1) We can discuss it later *if* you don't have time now.

2) *When* the concert finishes, we can go for a drink.

3) *If* we're late, don't wait. Start without us.

_if_-Sätze
if – when

E 417

Ergänzen Sie *if* oder *when*.

1) Is it OK . . . I bring a friend to your party?

2) Ann should be here soon. We'll eat . . . she arrives.

3) . . . the train is late, I always miss my bus.

4) . . . the train is late, just take a taxi.

_if_-Sätze
if – when

E 418

Übersetzen Sie.

1) Wenn du heute Abend gehst, lass bitte das Licht an.

2) Wenn ich nicht da bin, versuch es später noch einmal.

3) Bring Tony [mit], wenn er Zeit hat.

_if_-Sätze
if – when

E 419

Übersetzen Sie.

1) Wenn wir unsere neue Wohnung haben, geben wir eine große Party.

2) Wenn der Wein unter 10 Euro kostet, kauf ihn.

3) Wenn wir nach Hause kommen, mache ich etwas zu essen.

_if_-Sätze
***if*-Sätze Typ 1**

E 420

Welche Form ist richtig?

1) If it . . . before Saturday, that will be early enough.
■ arrives ■ will arrive

2) They won't understand you if you . . . Bavarian.
■ speak ■ will speak

3) If we . . . now, we won't be there in time.
■ don't leave ■ won't leave

if-Sätze
if – when
E 417

1) Is it OK *if* I bring a friend to your party?

2) Ann should be here soon. We'll eat *when* she arrives.

3) *When / If* the train is late, I always miss my bus.

4) *If* the train is late, just take a taxi.

if-Sätze
if – when
E 418

1) When you go this evening, please leave the light on.

2) If I'm not here / there, try again later.

3) Bring Tony if he has time.

if-Sätze
if – when
E 419

1) When we have our new flat, we'll give a big party.

2) If the wine costs under 10 euros, buy it.

3) When we get home, I'll make something to eat.

if-Sätze
if-Sätze Typ 1
E 420

1) If it *arrives* before Saturday, that will be early enough.

2) They won't understand you if you *speak* Bavarian.

3) If we *don't leave* now, we won't be there in time.

if-Sätze
if-Sätze Typ 1

E 421

Korrigieren Sie.

1) If it ~~will be~~ too expensive, we won't go.

2) I ~~ask~~ Donna if I see her.

3) It won't be easy if our best player ~~will be~~ ill.

4) What ~~do you do~~ if they say 'no'?

if-Sätze
if-Sätze Typ 1

E 422

Übersetzen Sie.

1) Wenn du jetzt ins Bett gehst, wirst du [dich] morgen besser fühlen.

2) Wenn ich genug Geld habe, werde ich Champagner kaufen.

3) Ich mache die Sandwiches, wenn du willst.

if-Sätze
if-Sätze Typ 1

E 423

Übersetzen Sie.

1) Wenn du willst, kannst du hier schlafen.

2) Wenn es noch einmal passiert, wirst du die Polizei rufen?

3) Wenn wir nicht schneller arbeiten, sind wir um 12.00 Uhr [noch] nicht fertig (*finished*).

if-Sätze
if-Sätze Typ 2

E 424

Welche Form ist richtig?

1) If I . . . a dog, I would sleep all day.
   ■ am ■ was

2) If you . . . a ghost, what would you do?
   ■ saw ■ would see

3) If I was younger, I . . . and get another job.
   ■ leave ■ would leave

if-Sätze
if-Sätze Typ 1

E 421

1) If it *is* too expensive, we won't go.

2) I'*ll ask* Donna if I see her.

3) It won't be easy if our best player *is* ill.

4) What *will you do* if they say 'no'?

if-Sätze
if-Sätze Typ 1

E 422

1) If you go to bed now, you'll feel better tomorrow.

2) If I have enough money, I'll buy champagne.

3) I'll make the sandwiches if you want.

if-Sätze
if-Sätze Typ 1

E 423

1) If you want, you can sleep here.

2) If it happens again, will you call / phone the police?

3) If we don't work faster, we won't be finished at 12 o'clock.

if-Sätze
if-Sätze Typ 2

E 424

1) If I *was* a dog, I would sleep all day.

2) If you *saw* a ghost, what would you do?

3) If I was younger, I *would leave* and get another job.

if-Sätze
if-Sätze Typ 2

E 425

Ergänzen Sie.

1) If I gave up smoking, I . . . (*save*) a lot of money.

2) If I . . . (*save*) a lot of money, I could go on exotic holidays.

3) If I . . . (*go*) on exotic holidays, I might fly to places like Cuba.

if-Sätze
if-Sätze Typ 2

E 426

Übersetzen Sie.

1) Wenn ich mehr Geld hätte, würde ich eine größere Wohnung nehmen.

2) Wenn ich jünger wäre, würde ich Bungeejumping probieren.

3) Wenn ich die Antwort wüsste, würde ich [sie] dir sagen.

Relativsätze
who – which – that

E 427

Welche Form ist richtig?

1) Do you know the people . . . live next-door?
■ they ■ who

2) What's the name of the person . . . wrote it?
■ which ■ who

3) I can't find a key . . . fits.
■ that ■ what

Relativsätze
who – which – that

E 428

Welche Form ist richtig?

1) He always does things . . . make me laugh.
■ that ■ they

2) We've left the bag . . . has the map in it at home.
■ who ■ which

3) He has an uncle . . . is a pilot.
■ he ■ who

if-Sätze

E 425

if-Sätze Typ 2

1) If I gave up smoking, I *would save* a lot of money.

2) If I *saved* a lot of money, I could go on exotic holidays.

3) If I *went* on exotic holidays, I might fly to places like Cuba.

if-Sätze

E 426

if-Sätze Typ 2

1) If I had more money, I would take a bigger / larger flat.

2) If I was younger, I would try bungee jumping.

3) If I knew the answer, I would tell you.

Relativsätze

E 427

who – which – that

1) Do you know the people *who* live next-door?

2) What's the name of the person *who* wrote it?

3) I can't find a key *that* fits.

Relativsätze

E 428

who – which – that

1) He always does things *that* make me laugh.

2) We've left the bag *which* has the map in it at home.

3) He has an uncle *who* is a pilot.

Relativsätze
who – which – that

E 429

Ergänzen Sie *who* oder *which*.

1) I addressed it to "Angela, the girl . . . drives the blue Golf, Exeter University".

2) I don't like wearing clothes . . . are too big.

3) The people . . . lived here before had cats.

Relativsätze
who – which – that

E 430

Ergänzen Sie *who* oder *which*.

1) I'm going to take a photo of that house . . . has graffiti all over it.

2) I need to speak to someone . . . understands English.

3) She goes to a dentist . . . uses hypnosis for narcosis.

Relativsätze
who – which – that

E 431

Übersetzen Sie.

1) Sind Menschen, die rauchen, dünner?

2) Ich mag Blumen, die riechen.

3) Er ist jemand, der viel Schlaf braucht.

Relativsätze
who – which – that

E 432

Übersetzen Sie.

1) Ein Millionär ist jemand, der viel Geld hat.

2) Ich brauche eine Wohnung, die groß ist, aber nicht viel kostet.

3) Die Frau, die mich begrüßte, kennt dich.

Relativsätze
E 429

who – which – that

1) I addressed it to "Angela, the girl *who* drives the blue Golf, Exeter University".

2) I don't like wearing clothes *which* are too big.

3) The people *who* lived here before had cats.

Relativsätze
E 430

who – which – that

1) I'm going to take a photo of that house *which* has graffiti all over it.

2) I need to speak to someone *who* understands English.

3) She goes to a dentist *who* uses hypnosis for narcosis.

Relativsätze
E 431

who – which – that

1) Are people who smoke thinner?

2) I like flowers that smell.

3) He is someone / somebody who needs a lot of sleep.

Relativsätze
E 432

who – which – that

1) A millionaire is someone / somebody who has a lot of money.

2) I need a flat which / that is big but doesn't cost much.

3) The woman who greeted / welcomed me knows you

Relativsätze
Kontaktkonstruktion

E 433

Ergänzen Sie *who* oder *which* – aber nur, wenn es unbedingt nötig ist.

1) The book . . . I read on holiday was fantastic.

2) The plane . . . crashed was over 30 years old.

3) Do you know the name of the architect . . . built this museum?

Relativsätze
Kontaktkonstruktion

E 434

Ergänzen Sie *who* oder *which* – aber nur, wenn es unbedingt nötig ist.

1) Was the money . . . I gave you enough?

2) This is the jacket . . . I bought in the winter sales.

3) The customer . . . complained got €50 back.

Relativsätze
Kontaktkonstruktion

E 435

Übersetzen Sie. Verwenden Sie das Relativpronomen nur wenn nötig.

1) Meine Kollegin hat einen Hund, der singt.

2) Die Menschen, die wir dort trafen, waren alle sehr arm.

3) Das Geschenk, das ich für meine Eltern habe, ist sehr groß.

Relativsätze
Relativsätze mit Präposition

E 436

Welche Form ist richtig?

) What is the CD to that you are listening? ■
What is the CD you are listening to? ■
) Dave is the person with who I play tennis. ■
Dave is the person I play tennis with. ■
) We have friends who moved to Rome last year. ■
We have friends moved to Rome last year. ■

Relativsätze
Kontaktkonstruktion

E 433

1) The book I read on holiday was fantastic.

2) The plane *which* crashed was over 30 years old.

3) Do you know the name of the architect *who* built this museum?

Relativsätze
Kontaktkonstruktion

E 434

1) Was the money I gave you enough?

2) This is the jacket I bought in the winter sales.

3) The customer *who* complained got €50 back.

Relativsätze
Kontaktkonstruktion

E 435

1) My colleague has a dog which / that sings.

2) The people we met there were all very poor.

3) The present I have for my parents is very big / large.

Relativsätze
Relativsätze mit Präposition

E 436

1) What is the CD you are listening to?

2) Dave is the person I play tennis with.

3) We have friends who moved to Rome last year.

Relativsätze
Relativsätze mit Präposition

E 437

Verbinden Sie die beiden Sätze zu einem.

1) The bus never came. I was waiting for it.
   The bus . . .

2) Did you find the book? You were looking for it.
   Did you find . . .

3) Who was the woman? You were speaking to her.

Relativsätze
Relativsätze mit Präposition

E 438

Verbinden Sie die beiden Sätze zu einem.

1) This is the house. I lived in it as a child.
   This is the house . . .

2) Where is the magazine? I left it on the sofa.
   Where is . . .

3) Josie is a friend. I was at school with her.

Artikel und Nomen
Bestimmter und unbestimmter Artikel

E 439

Ergänzen Sie *a* oder *an*.

1) What is it like to live near . . . airport?

2) We drove for . . . hour and a half.

3) Jeanette wants to become . . . engineer.

4) Name . . . US president.

Artikel und Nomen
Bestimmter und unbestimmter Artikel

E 440

Ergänzen Sie *a* oder *an*.

1) Young William will be . . . excellent teacher.

2) He drove . . . MG.

3) She used to work as . . . BBC reporter.

4) They've started . . . PR campaign.

Relativsätze
Relativsätze mit Präposition

E 437

1) The bus I was waiting for never came.

2) Did you find the book you were looking for?

3) Who was the woman you were speaking to?

Relativsätze
Relativsätze mit Präposition

E 438

1) This is the house I lived in as a child.

2) Where is the magazine I left on the sofa?

3) Josie is a friend I was at school with.

Artikel und Nomen
Bestimmter und unbestimmter Artikel

E 439

1) What is it like to live near *an* airport?

2) We drove for *an* hour and a half.

3) Jeanette wants to become *an* engineer.

4) Name *a* US president.

Artikel und Nomen
Bestimmter und unbestimmter Artikel

E 440

1) Young William will be *an* excellent teacher.

2) He drove *an* MG.

3) She used to work as *a* BBC reporter.

4) They've started *a* PR campaign.

Artikel und Nomen
Bestimmter und unbestimmter Artikel

E 441

Richtig oder falsch?

1) There was such *an* awful traffic on the autobahn.

2) My old teacher once gave me *a* good advice.

3) It was *a* really hard job.

4) It was *a* really difficult work.

Artikel und Nomen
Genitiv

E 442

Ergänzen Sie *'s* oder *s'*.

1) This is David . . . new girlfriend on the left.

2) The dog. . . names are Baxter and Bracken.

3) Our neighbour. . . names are Smith and Weston.

Artikel und Nomen
Genitiv

E 443

Berichtigen Sie. Verwenden Sie das Genitiv-s.

1) This is ~~the room of my colleague~~.

2) Can you tell me ~~the phone number of Janet~~?

3) What is ~~the first name of your husband~~?

4) The BMW is ~~the car of the boss~~.

rtikel und Nomen
enitiv

E 444

erichtigen Sie. Verwenden Sie das Genitiv-s.

) Where is ~~the house of Mr Smith~~?

) I've never met ~~the sister of Jack~~.

) Isn't that ~~the car of Julian~~?

It's not our fence, it's ~~the one of our neighbour~~.

Artikel und Nomen **E 441**
Bestimmter und unbestimmter Artikel

1) *Falsch*. There was such ~~an~~ awful traffic on the autobahn.

2) *Falsch*. My old teacher once gave me ~~a~~ *some* good advice.

3) *Richtig*.

4) *Falsch*. It was ~~a~~ really difficult work.

Artikel und Nomen **E 442**
Genitiv

1) This is David*'s* new girlfriend on the left.

2) The dog*s'* names are Baxter and Bracken.

3) Our neighbours*'* names are Smith and Weston.

Artikel und Nomen **E 443**
Genitiv

1) This is *my colleague's room*.

2) Can you tell me *Janet's phone number*?

3) What is *your husband's first name*?

4) The BMW is *the boss's car*.

Artikel und Nomen **E 44**
Genitiv

1) Where is *Mr Smith's house*?

2) I've never met *Jack's sister*.

3) Isn't that *Julian's car*?

4) It's not our fence, it's *our neighbour's one*.

Artikel und Nomen
Pluralbildung

E 445

Wie lautet die Pluralform?

1) Can you give me *the address*?

2) I know *the man*, but I don't know *the woman*.

3) Show me your *tooth*.

4) What sort of *sandwich* would you like?

Artikel und Nomen
Pluralbildung

E 446

Korrigieren Sie.

1) My children always have lots of ~~homeworks~~.

2) I can give you all the ~~informations~~ that you need.

3) What good ~~advices~~ did they offer you?

Artikel und Nomen
Pluralbildung

E 447

Bilden Sie die Mehrzahl – falls möglich!

1) They have *a child*.

2) The boss never gives me *interesting work*.

3) Can you cut *this hair* for me?

Artikel und Nomen
Pluralbildung

E 448

Übersetzen Sie.

) Wir haben gute Fortschritte gemacht.

) Deine Haare sind wunderschön.

) Ich brauche einige Informationen.

Artikel und Nomen
Pluralbildung — **E 445**

1) Can you give me *the addresses*?

2) I know *the men*, but I don't know *the women*.

3) Show me your *teeth*.

4) What sort of *sandwiches* would you like?

Artikel und Nomen
Pluralbildung — **E 446**

1) My children always have lots of *homework*.

2) I can give you all the *information* that you need.

3) What good *advice* did they offer you?

Artikel und Nomen
Pluralbildung — **E 447**

1) They have *children*.

2) The boss never gives me *interesting work*.

3) Can you cut *this hair* for me?

Artikel und Nomen
Pluralbildung — **E 448**

1) We have made good progress.

2) Your hair is beautiful.

3) I need some information.

Pronomen
self-Reflexivpronomen

E 449

Welche Form ist richtig?

1) He says he has a gun so that he can protect . . .
   ■ him ■ himself

2) David told Ann, but she doesn't believe . . . .
   ■ him ■ himself

3) How can these people call . . . Christians?
   ■ them ■ themselves

Pronomen
self-Reflexivpronomen

E 450

Welche Form ist richtig?

1) You mustn't pay for . . . .
   ■ me ■ myself

2) I want to pay for . . . .
   ■ me ■ myself

3) These symbols here, what do people call . . . ?
   ■ them ■ themselves

Pronomen
self-Reflexivpronomen

E 451

Welche Form ist richtig?

1) Do you two know . . . ? Let me introduce you.
   ■ each other ■ yourselves

2) Why can't you decide . . . ?
   ■ – ■ yourself

3) We sat up all night telling . . . our life-stories.
   ■ each other ■ us

Pronomen
self-Reflexivpronomen

E 452

Welche Form ist richtig?

) We . . . again next Thursday.
   ■ meet ■ meet us

) Tony and I have known . . . since we were children.
   ■ each other ■ us

) Our son says he cannot . . . on his homework.
   ■ concentrate ■ concentrate himself

Pronomen **E 449**
***self*-Reflexivpronomen**

1) He says he has a gun so that he can protect *himself*.

2) David told Ann, but she doesn't believe *him*.

3) How can these people call *themselves* Christians?

Pronomen **E 450**
***self*-Reflexivpronomen**

1) You mustn't pay for *me*.

2) I want to pay for *myself*.

3) These symbols here, what do people call *them*?

Pronomen **E 451**
***self*-Reflexivpronomen**

1) Do you two know *each other*? Let me introduce you.

2) Why can't you decide?

3) We sat up all night telling *each other* our life-stories.

Pronomen **E 452**
***self*-Reflexivpronomen**

1) We *meet* again next Thursday.

2) Tony and I have known *each other* since we were children.

3) Our son says he cannot *concentrate* on his homework.

Pronomen
***self*-Reflexivpronomen** **E 453**

Korrigieren Sie. Verwenden Sie *-self / -selves.*

1) Have we got something that the children could do? They want to make ~~them~~ useful.

2) We paid for ~~us~~.

3) Glenn didn't have a teacher. He taught ~~him~~ to swim.

Pronomen
***self*-Reflexivpronomen** **E 454**

Korrigieren Sie. Verwenden Sie *-self / -selves.*

1) Why work? This is a question I ask ~~me~~ all the time!

2) I don't like her. She only thinks about ~~her~~.

3) You two look great. Have you bought ~~you~~ new clothes?

Pronomen
***self*-Reflexivpronomen** **E 455**

Ergänzen Sie das Pronomen.

1) Anna, please make . . . comfortable.

2) I need a plaster. Tony has cut . . . .

3) It's time for us to get . . . ready.

ronomen
***elf*-Reflexivpronomen** **E 456**

rgänzen Sie das Pronomen.

) When you've all made . . . comfortable, I'll read you a story.

) Babies can't feed . . . .

) I see . . . as a butler or chauffeur in Monte Carlo.

Pronomen E 453
self-**Reflexivpronomen**

1) Have we got something that the children could do? They want to make *themselves* useful.

2) We paid for *ourselves*.

3) Glenn didn't have a teacher. He taught *himself* to swim.

Pronomen E 454
self-**Reflexivpronomen**

1) Why work? This is a question I ask *myself* all the time!

2) I don't like her. She only thinks about *herself*.

3) You two look great. Have you bought *yourselves* new clothes?

Pronomen E 455
self-**Reflexivpronomen**

1) Anna, please make *yourself* comfortable.

2) I need a plaster. Tony has cut *himself*.

3) It's time for us to get *ourselves* ready.

Pronomen E 456
self-**Reflexivpronomen**

1) When you've all made *yourselves* comfortable, I'll read you a story.

2) Babies can't feed *themselves*.

3) I see *myself* as a butler or chauffeur in Monte Carlo

Pronomen
***self*-Reflexivpronomen** **E 457**

Wie übersetzt man hier „sich“? Oder wird es gar nicht übersetzt?

1) He looked at . . . (*sich*) in the mirror.

2) I don’t think you two know . . . (*sich*). Let me introduce you.

3) My mother always worries . . . (*sich*) that something bad is going to happen.

Pronomen
***self*-Reflexivpronomen** **E 458**

Wie übersetzt man hier „sich“? Oder wird es gar nicht übersetzt?

1) Come in and make . . . (*sich*) comfortable. You can sit . . . (*sich*) down here.

2) What are you going to do? When are you going to decide . . . (*sich*)?

3) Is Ann OK? Did she hurt . . . (*sich*)?

Pronomen
***self*-Reflexivpronomen** **E 459**

Übersetzen Sie.

1) Ich frage mich manchmal, warum er das tat.

2) Sie bauten das Haus selbst.

3) Darf ich mich vorstellen?

4) Ich frage mich, was er sagen wird.

ronomen
***elf*-Reflexivpronomen** **E 460**

bersetzen Sie.

) Er sagte sich: Das ist meine letzte Zigarette.

) Wir müssen uns wirklich öfter treffen.

) Ich kann dir nicht helfen. Du musst dir selbst helfen.

Pronomen **E 457**
***self*-Reflexivpronomen**

1) He looked at *himself* in the mirror.

2) I don't think you two know *each other*. Let me introduce you.

3) My mother always worries that something bad is going to happen.

Pronomen **E 458**
***self*-Reflexivpronomen**

1) Come in and make *yourself* comfortable. You can sit down here.

2) What are you going to do? When are you going to decide?

3) Is Ann OK? Did she hurt *herself*?

Pronomen **E 459**
***self*-Reflexivpronomen**

1) I sometimes wonder / ask myself why he did that.

2) They built the house themselves.

3) May I introduce myself?

4) I wonder what he'll say.

Pronomen **E 460**
***self*-Reflexivpronomen**

1) He said to himself, this is my last cigarette.

2) We really must meet more often.

3) I can't help you. You must help yourself.

Pronomen
Personal- und Possessivpronomen

E 461

Ergänzen Sie das Objektpronomen.

1) I know that woman. Do you know . . ., too?

2) The man in the car – I've seen . . . before.

3) Those people with the dog – do you know . . . ?

4) From here we can see them, but they can't see . . .

Pronomen
Personal- und Possessivpronomen

E 462

Übersetzen Sie das deutsche Pronomen.

1) I've not met *sie* before. *Sie* are new here, aren't *sie?*

2) Help *ihr. Sie* can't get *ihr* car started.

3) Good afternoon, what can I do for *Sie*?

4) This is Janet's camera. Can you give it back to *ihr*?

Pronomen
Personal- und Possessivpronomen

E 463

Ergänzen Sie das Possessivpronomen.

1) Tom is enjoying . . . new job.

2) The Watsons are selling . . . house.

3) Have you seen . . . keys? I can't find them anywhere.

4) We love . . . new car. It's fabulous.

Pronomen
Personal- und Possessivpronomen

E 464

Ergänzen Sie *it's* oder *its*.

) . . . a glorious day here, lovely and warm.

) Dortmund is famous for . . . beer.

) . . . a beautiful garden with all . . . different plants.

) Which hotel do you mean? What's . . . name?

Pronomen
Personal- und Possessivpronomen **E 461**

1) I know that woman. Do you know *her*, too?

2) The man in the car – I've seen *him* before.

3) Those people with the dog – do you know *them*?

4) From here we can see them, but they can't see *us*.

Pronomen
Personal- und Possessivpronomen **E 462**

1) I've not met *them* before. *They* are new here, aren't *they?*

2) Help *her. She* can't get *her* car started.

3) Good afternoon, what can I do for *you*?

4) This is Janet's camera. Can you give it back to *her*?

Pronomen
Personal- und Possessivpronomen **E 463**

1) Tom is enjoying *his* new job.

2) The Watsons are selling *their* house.

3) Have you seen *my* keys?

4) We love *our* new car. It's fabulous.

Pronomen
Personal- und Possessivpronomen **E 464**

1) *It's* a glorious day here, lovely and warm.

2) Dortmund is famous for *its* beer.

3) *It's* a beautiful garden with all *its* different plants.

4) Which hotel do you mean? What's *its* name?

Pronomen
Personal- und Possessivpronomen

E 465

Welches Wort ist richtig?

1) Is this . . . book or . . .?
■ my . . . your ■ mine . . . yours ■ my . . . yours

2) These keys must be . . . Ann and Ed have got . . . .
■ our . . . their ■ ours . . . theirs ■ ours . . . their

3) Jenny has beautiful hair. . . . is not as nice as . . . .
■ My . . . her ■ Mine . . . her ■ Mine . . . hers

Pronomen
Indefinite Pronomen *some* und *any*

E 466

Verneinen Sie diese Sätze.

1) I've read some of her books.

2) There are some interesting programmes on TV.

3) We have some contacts in Sweden.

4) Tony made some notes.

Pronomen
Indefinite Pronomen *some* und *any*

E 467

Bilden Sie zu diesen Sätzen entsprechende Fragen.

1) I've read some of her books.
– Have you read . . . of her books?

2) There are some interesting programmes on TV.
– Are there . . . interesting prgrammes on TV?

Pronomen
Indefinite Pronomen *some* und *any*

E 468

Bilden Sie zu diesen Sätzen entsprechende Fragen.

) We have some contacts in Sweden.
– Do you have . . . contacts in Sweden?

) Tony made some notes.
– Did Tony make . . . notes?

Pronomen **E 465**
Personal- und Possessivpronomen

1) Is this *my* book or *yours*?

2) These keys must be *ours*. Ann and Ed have got *theirs*.

3) Jenny has beautiful hair. *Mine* is not as nice as *hers*.

Pronomen **E 466**
Indefinite Pronomen *some* und *any*

1) I haven't read *any* of her books.

2) There aren't *any* interesting programmes on TV.

3) We don't have *any* contacts in Sweden.

4) Tony didn't make *any* notes.

Pronomen **E 467**
Indefinite Pronomen *some* und *any*

1) Have you read *any* of her books?

2) Are there *any* interesting programmes on TV?

Pronomen **E 468**
Indefinite Pronomen *some* und *any*

1) Do you have *any* contacts in Sweden?

2) Did Tony make *any* notes?

Pronomen
Indefinite Pronomen *some* und *any*

E 469

Ergänzen Sie die Angebote.

1) I'm hungry. – (*make / sandwiches*) Shall I . . . ?

2) We need a break. – (*make / tea*) Shall I . . . ?

3) Everybody is sleepy. – (*open / windows*) . . . ?

4) We need a present. – (*buy / flowers*) . . . ?

Pronomen
Indefinite Pronomen *some* und *any*

E 470

Ergänzen Sie *some* oder *any*.

1) Can we have . . . more bread, please?

2) I need . . . more time.

3) We're new. We don't know . . . people here.

4) There aren't . . . interesting places around here.

Pronomen
Indefinite Pronomen *some* und *any*

E 471

Ergänzen Sie *some* oder *any*.

1) I don't watch . . . sport. I hate it.

2) Could we have . . . water, please?

3) Will they need . . . other information?

Adverb und Adjektiv
Regelmäßige Bildung des Adverbs

E 472

Welche Form ist richtig?

1) My boss is a . . . person.
■ nice ■ nicely

2) She isn't speaking very . . . .
■ clear ■ clearly

3) His father spoke to him . . . .
■ angry ■ angrily

Pronomen **E 469**
Indefinite Pronomen *some* und *any*

1) Shall I make some sandwiches?

2) Shall I make some tea?

3) Shall I open the windows?

4) Shall I buy some flowers?

Pronomen **E 470**
Indefinite Pronomen *some* und *any*

1) Can we have *some* more bread, please?

2) I need *some* more time.

3) We're new. We don't know *any* people here.

4) There aren't *any* interesting places around here.

Pronomen **E 471**
Indefinite Pronomen *some* und *any*

1) I don't watch *any* sport. I hate it.

2) Could we have *some* water, please?

3) Will they need *any* other information?

Adverb und Adjektiv **E 47**
Regelmäßige Bildung des Adverbs

1) My boss is a *nice* person.

2) She isn't speaking very *clearly*.

3) His father spoke to him *angrily*.

Adverb und Adjektiv
Regelmäßige Bildung des Adverbs

E 473

Welche Form ist richtig?

1) Henry is a . . . driver.
   ■ dangerous ■ dangerously

2) Why does he always work so . . . ?
   ■ slow ■ slowly

3) Sorry, that date is . . . for me.
   ■ impossible ■ impossibly

Adverb und Adjektiv
Regelmäßige Bildung des Adverbs

E 474

Leiten Sie ein Adverb vom Adjektiv ab und setzen Sie es ein.

1) We have regular meetings. We meet . . . every month.

2) It's an easy test. You will be able to answer the questions . . .

3) You're a careful driver. You always drive so . . . .

Adverb und Adjektiv
Regelmäßige Bildung des Adverbs

E 475

Leiten Sie ein Adverb vom Adjektiv ab und setzen Sie es ein.

1) He's a polite person. He always behaves so . . . .

2) It's an automatic kettle. It stops . . . when the water boils.

3) The rain was heavy. It rained . . . all day.

dverb und Adjektiv
egelmäßige Bildung des Adverbs

E 476

djektiv oder Adverb? Ergänzen Sie die richtige Form.

ou must remember. We met at a party at Rob and
nn's house. I was standing . . . (*quiet*) at the bar,
hen you came for a . . . (*quick*) drink. You were
ancing . . . (*wild*) most of the time. Someone next
you . . . (*stupid*) knocked their glass over. You . . .
utomatic) took a step backwards and stepped on
y foot. It all happened so . . . (*sudden*).

Adverb und Adjektiv E 473
Regelmäßige Bildung des Adverbs

1) Henry is a *dangerous* driver.

2) Why does he always work so *slowly*?

3) Sorry, that date is *impossible* for me.

Adverb und Adjektiv E 474
Regelmäßige Bildung des Adverbs

1) We have regular meetings. We meet *regularly* every month.

2) It's an easy test. You will be able to answer the questions *easily*.

3) You're a careful driver. You always drive so *carefully*.

Adverb und Adjektiv E 475
Regelmäßige Bildung des Adverbs

1) He's a polite person. He always behaves so *politely*.

2) It's an automatic kettle. It stops *automatically* when the water boils.

3) The rain was heavy. It rained *heavily* all day.

Adverb und Adjektiv E 47
Regelmäßige Bildung des Adverbs

You must remember. We met at a party at Rob and Ann's house. I was standing *quietly* at the bar, when you came for a *quick* drink. You were dancing *wildly* most of the time. Someone next to you *stupidly* knocked their glass over. You *automatically* took a step backwards and stepped on my foot. It all happened so *suddenly*.

Adverb und Adjektiv
Regelmäßige Bildung des Adverbs

E 477

Übersetzen Sie.

1) Helga ist die perfekte Sekretärin.

2) Die Kinder haben sich perfekt benommen (*behave*).

3) Ich habe schlecht geschlafen.

4) Der Gewinner lächelte glücklich.

Adverb und Adjektiv
Unregelmäßige Bildung des Adverbs

E 478

Welche Form ist richtig?

1) You speak English . . . .
   ■ good ■ well

2) Your English is very . . . .
   ■ good ■ well

3) Ann trains very . . . .
   ■ hard ■ hardly

Adverb und Adjektiv
Unregelmäßige Bildung des Adverbs

E 479

Welche Form ist richtig?

1) It's . . . unusual to see a wolf in Europe.
   ■ extreme ■ extremely

2) We arrived . . . . It was almost midnight.
   ■ late ■ lately

3) Why should I lend you 20 euros? I . . . know you.
   ■ hard ■ hardly

dverb und Adjektiv
nregelmäßige Bildung des Adverbs

E 480

rgänzen Sie *good* oder *well*.

) I thought you were . . . . You played very . . . .

) It's a . . . book. The author writes extremely . . . .

) Do they pay . . . ? – No, the money is not . . . .

Adverb und Adjektiv
Regelmäßige Bildung des Adverbs

E 477

1) Helga is the perfect secretary.

2) The children (have) behaved perfectly.

3) I (have) slept badly.

4) The winner smiled / was smiling happily.

Adverb und Adjektiv
Unregelmäßige Bildung des Adverbs

E 478

1) You speak English *well*.

2) Your English is very *good*.

3) Ann trains very *hard*.

Adverb und Adjektiv
Unregelmäßige Bildung des Adverbs

E 479

1) It's *extremely* unusual to see a wolf in Europe.

2) We arrived *late*. It was almost midnight.

3) Why should I lend you 20 euros? I *hardly* know you.

Adverb und Adjektiv
Unregelmäßige Bildung des Adverbs

E 48

1) I thought you were *good*. You played very *well*.

2) It's a *good* book. The author writes extremely *well*.

3) Do they pay *well*? – No, the money is not *good*.

Adverb und Adjektiv
Unregelmäßige Bildung des Adverbs

E 481

Ergänzen Sie die richtige Form.

1) I haven't had much free time . . . (*late* / *lately*).

2) I've been working very . . . (*hard* / *hardly*).

3) Life has been . . . (*extreme* / *extremely*) stressful.

4) I've . . . (*hard* / *hardly*) had a moment to myself.

Adverb und Adjektiv
Unregelmäßige Bildung des Adverbs

E 482

Übersetzen Sie.

1) Du singst sehr gut und sehr schön.

2) Mein Chef fährt schnell. Er fährt gefährlich.

3) Ich kenne London gut.

4) Das Wetter war ungewöhnlich warm.

Adverb und Adjektiv
Komparativ des Adjektivs

E 483

Ergänzen Sie den Komparativ.

1) old	. . .	4) quick	. . .
2) expensive	. . .	5) interesting	. . .
3) hard	. . .	6) important	. . .

Adverb und Adjektiv
Komparativ des Adjektivs

E 484

Ergänzen Sie den Komparativ.

) famous	. . .	4) difficult	. . .
) bad	. . .	5) heavy	. . .
) easy	. . .	6) thin	. . .

Adverb und Adjektiv
Unregelmäßige Bildung des Adverbs

E 481

1) I haven't had much free time *lately*.

2) I've been working very *hard*.

3) Life has been *extremely* stressful.

4) I've *hardly* had a moment to myself.

Adverb und Adjektiv
Unregelmäßige Bildung des Adverbs

E 482

1) You sing very well and very beautifully.

2) My boss drives fast. He drives dangerously.

3) I know London well.

4) The weather was unusually warm.

Adverb und Adjektiv
Komparativ des Adjektivs

E 483

1) *older*
2) *more expensive*
3) *harder*
4) *quicker*
5) *more interesting*
6) *more important*

Adverb und Adjektiv
Komparativ des Adjektivs

E 484

1) *more famous*
2) *worse*
3) *easier*
4) *more difficult*
5) *heavier*
6) *thinner*

Adverb und Adjektiv
Komparativ des Adjektivs

E 485

Vergleichen Sie. Bilden Sie jeweils zwei Sätze.

1) It's 1 hour by air, 4 hours by train. (*fast / slow*)
The plane is . . . the train.
The train is . . . the plane.

2) Football is awful. Tennis is OK. (*boring / interesting*)
Football is . . . tennis.
Tennis is . . . football.

Adverb und Adjektiv
Komparativ des Adjektivs

E 486

Bilden Sie Sätze mit . . . *is(n't) as . . . as . . .*

1) It's 25°C today. It was 25°C yesterday. (*warm*)
The weather today . . . yesterday.

2) It's cloudy today. It rained yesterday. (*bad*)
The weather today . . . yesterday.

Adverb und Adjektiv
Komparativ des Adjektivs

E 487

***as* oder *than*? Ergänzen Sie.**

1) Their car is bigger . . . our car.

2) My English is good. My French isn't . . . good.

3) The situation is worse . . . last year.

4) Her office is bigger . . . mine.

dverb und Adjektiv
omparativ des Adjektivs

E 488

bersetzen Sie.

) Ich bin größer als du.

) Dieses Restaurant ist viel teurer als McDonald's.

Der Verkehr gestern war schlimmer als heute.

Ein Livekonzert ist aufregender als eine CD.

Adverb und Adjektiv
Komparativ des Adjektivs

E 48

1) The plane is *faster than* the train.
   The train is *slower than* the plane.

2) Football is *more boring than* tennis.
   Tennis is *more interesting than* football.

Adverb und Adjektiv
Komparativ des Adjektivs

E 48

1) The weather today *is as warm as* yesterday.

2) The weather today *isn't as bad as* yesterday.

Adverb und Adjektiv
Komparativ des Adjektivs

E 48

1) Their car is bigger *than* our car.

2) My English is good. My French isn't *as* good.

3) The situation is worse *than* last year.

4) Her office is bigger *than* mine.

Adverb und Adjektiv
Komparativ des Adjektivs

E 48

1) I am taller than you.

2) This restaurant is much more expensive than McDonald's.

3) The traffic yesterday was worse than today.

4) A live concert is more exciting than a CD.

Adverb und Adjektiv
Superlativ des Adjektivs

E 489

Ergänzen Sie die Superlativform.

1) Which is . . . (*large*) city in the world?

2) This is . . . (*boring*) film I've ever seen.

3) It was . . . (*good*) hotel we've ever stayed in.

4) Death Valley is . . . (*hot*) place I've ever been to.

Adverb und Adjektiv
Superlativ des Adjektivs

E 490

Ergänzen Sie die Superlativform.

1) It was . . . (bad) accident the police have seen.

2) I think I am . . . (lucky) person alive.

3) What is . . . (interesting) job you've ever had?

Adverb und Adjektiv
Superlativ des Adjektivs

E 491

Übersetzen Sie.

1) Gestern war der heißeste Tag des Jahres.

2) Das war die glücklichste Zeit meines Lebens.

3) Er trägt die gleichen Schuhe wie du.

4) Montag ist der schlimmste Tag der Woche.

Adverb und Adjektiv
Superlativ des Adjektivs

E 492

Übersetzen Sie.

1) Berlin ist die größte Stadt in Deutschland.

2) Welche ist die aufregendste Stadt?

3) Trier ist eine der ältesten.

Adverb und Adjektiv
Superlativ des Adjektivs

E 489

1) Which is *the largest* city in the world?

2) This is *the most boring* film I've ever seen.

3) It was *the best* hotel we've ever stayed in.

4) Death Valley is *the hottest* place I've ever been to.

Adverb und Adjektiv
Superlativ des Adjektivs

E 490

1) It was *the worst* accident the police have seen.

2) I think I am *the luckiest* person alive.

3) What is *the most interesting* job you've ever had?

Adverb und Adjektiv
Superlativ des Adjektivs

E 491

1) Yesterday was the hottest day of the year.

2) That was the happiest time in/of my life.

3) He wears / is wearing the same shoes as you.

4) Monday is the worst day of the week.

Adverb und Adjektiv
Superlativ des Adjektivs

E 492

1) Berlin is the largest / biggest city in Germany.

2) Which is the most exciting city?

3) Trier is one of the oldest.

Präpositionen
Präpositionen der Zeit

E 493

Ergänzen Sie *at, in* oder *on.*

1) . . . 14th July

2) . . . Friday

3) . . . two o'clock

4) . . . the afternoon

Präpositionen
Präpositionen der Zeit

E 494

Ergänzen Sie *at, in* oder *on.*

1) . . . 5.25

2) . . . Christmas time

3) . . . 2001

4) . . . tea time

Präpositionen
Präpositionen der Zeit

E 495

Ergänzen Sie *at, in, on* oder keine Präposition.

.) We meet . . . 17th March . . . 10.30 . . . the morning.

) My father retired . . . the age of 64 . . . 1998.

) Carnival begins . . . 11th November, . . . 11.11 . . . the morning.

'räpositionen
räpositionen der Zeit

E 496

lbersetzen Sie.

) Wir fliegen am Sonntagmorgen um halb sechs.

) Ich arbeite nachts.

) Ich habe keine Zeit im Moment.

) Was machst du an deinem Geburtstag?

Präpositionen
Präpositionen der Zeit

E 493

1) *on* 14th July

2) *on* Friday

3) *at* two o'clock

4) *in* the afternoon

Präpositionen
Präpositionen der Zeit

E 494

1) *at* 5.25

2) *at* Christmas time

3) *in* 2001

4) *at* tea time

Präpositionen
Präpositionen der Zeit

E 495

1) We meet *on* 17th March *at* 10.30 *in* the morning.

2) My father retired *at* the age of 64 *in* 1998.

3 Carnival begins *on* 11th November, *at* 11.11 *in* the morning.

Präpositionen
Präpositionen der Zeit

E 496

1) We are flying on Sunday morning at half past five.

2) I work at night.

3) I don't have any time at the moment.

4) What are you doing on your birthday?

Präpositionen
Präpositionen des Ortes

E 497

Ergänzen Sie *at, in, on* oder *to.*

1) It's the highest mountain . . . the world.

2) David's . . . the phone. He's talking to his boss.

3) Have you always lived . . . that address?

4) I found the information . . . the internet.

Präpositionen
Präpositionen des Ortes

E 498

Ergänzen Sie *at, in, on* oder *to.*

1) Where did you go . . . school?

2) They live in a small village . . . the country.

3) Can you meet me . . . the station?

4) We were . . . a great party last weekend.

Präpositionen
Präpositionen des Ortes

E 499

Ergänzen Sie *at, in, on* oder *to.*

1) The other office is . . . 52 Wendover Road.

2) There were so many people . . . the doctor's today.

3) I saw Ann . . . the bus stop.

4) There's somebody . . . the door.

räpositionen
räpositionen des Ortes

E 500

rgänzen Sie *at, in, on* oder *to.*

) We lay . . . the beach and enjoyed the sunshine.

) Is there anything interesting . . . TV this evening?

) What time did you go . . . bed last night?

) Tina's . . . work. She'll be back at six.

Präpositionen
Präpositionen des Ortes **E 497**

1) It's the highest mountain *in* the world.

2) David's *on* the phone. He's talking to his boss.

3) Have you always lived *at* that address?

4) I found the information *on* the internet.

Präpositionen
Präpositionen des Ortes **E 498**

1) Where did you go *to* school?

2) They live in a small village *in* the country.

3) Can you meet me *at* the station?

4) We were *at* a great party last weekend.

Präpositionen
Präpositionen des Ortes **E 499**

1) The other office is *at* 52 Wendover Road.

2) There were so many people *at* the doctor's today.

3) I saw Ann *at* the bus stop.

4) There's somebody *at* the door.

Präpositionen
Präpositionen des Ortes **E 500**

1) We lay *on* the beach and enjoyed the sunshine.

2) Is there anything interesting *on* TV this evening?

3) What time did you go *to* bed last night?

4) Tina's *at* work. She'll be back at six.